Retratos do Brasil

Coleção Retratos do Brasil

1. *Cartas Chilenas* — Tomás Antônio Gonzaga
   org. Joaci Pereira Furtado
2. *Apontamentos de Viagem* — J. A. Leite Moraes
   org. Antonio Candido
3. *Jornal de Timon* — João Francisco Lisboa650
   org. José Murilo de Carvalho
4. *Memórias do Sobrinho de Meu Tio* — Joaquim Manuel de Macedo
   org. Flora Süssekind
5. *O Carapuceiro* — Pe. Lopes Gama
   org. Evaldo Cabral de Mello
6. *Glaura* — Silva Alvarenga
   org. Fábio Lucas
7. *Vossa Insolência* — Olavo Bilac
   org. Antonio Dimas
8. *Retrato do Brasil* — Paulo Prado
   org. Carlos Augusto Calil
9. *A Retirada da Laguna* — Alfredo d'Escragnolle-Taunay
   org. Sergio Medeiros
10. *Confissões da Bahia* — Santo Ofício da Inquisição de Lisboa
    org. Ronaldo Vainfas
11. *A Alma Encantadora das Ruas* — João do Rio
    org. Raúl Antelo
12. *Código do Bom-Tom* — J. I. Roquette
    org. Lilia Moritz Schwarcz
13. *Projetos para o Brasil* — José Bonifácio de Andrada e Silva
    org. Miriam Dolhnikoff
14. *Diário Íntimo* — José Vieira Couto de Magalhães
    org. Maria Helena P. T. Machado
15. *Monstros e Monstrengos do Brasil* — Afonso de E.-Taunay
    org. Mary Del Priore
16. *Ordenações Filipinas* — Livro V
    org. Silvia Hunold Lara
17. *Através do Brasil (Narrativa)* — Olavo Bilac e Manoel Bomfim
    org. Marisa Lajolo
18. *Diário de uma Expedição* — Euclides da Cunha
    org. Walnice Nogueira Galvão
19. *Interpretação do Brasil* — Gilberto Freyre
    org. Omar Ribeiro Thomaz
20. *Introdução a* Doutrina contra Doutrina — Sílvio Romero
    org. Alberto Venancio Filho
21. *Manual do Agricultor Brasileiro* — Carlos Augusto Taunay
    org. Rafael de Bivar Marquese

Conselho editorial:
João Moreira Salles
Lilia Moritz Schwarcz

Carlos Augusto Taunay

Manual do agricultor brasileiro

ORGANIZAÇÃO:
Rafael de Bivar Marquese

COMPANHIA DAS LETRAS

Copyright © 2001 by Companhia das Letras
Copyright da introdução © 2001 by Rafael de Bivar Marquese

Projeto gráfico e capa:
Victor Burton
sobre *Engenho* (1825) e *Angola* (1825),
de Johann–Moritz Rugendas

Preparação:
Carlos Alberto Inada

Revisão:
Hélio A. Ribeiro Filho
Maysa Monção

Dados Internacionais de Catalogação na Publicação (CIP)
(Câmara Brasileira do Livro, SP, Brasil)

Taunay, Carlos Augusto
Manual do agricultor brasileiro / Carlos Augusto Taunay ; organização Rafael de Bivar Marquese. — São Paulo : Companhia das Letras, 2001.

ISBN 85-359-0155-8

1. Agricultura – Brasil 2. Escravidão – Brasil I. Marquese, Rafael de Bivar. II. Título.

01-3483 CDD-630.981

Índice para catálogo sistemático:
1. Brasil : Agricultura 630.981

2001

Todos os direitos desta edição reservados à
EDITORA SCHWARCZ LTDA.
Rua Bandeira Paulista, 702 cj. 32
04532-002 — São Paulo — SP
Telefone: (11) 3846-0801
Fax: (11) 3846-0814
www.companhiadasletras.com.br

Índice

Introdução 7

Cronologia 27

MANUAL DO AGRICULTOR BRASILEIRO

Introdução 33

Capítulo 1 — Plano da presente obra. — Escolha
do gênero de cultura. — Das localidades
e dos terrenos 41

Capítulo 2 — Da escravidão. — Dos escravos pretos . . 50

Capítulo 3 — Da disciplina da escravatura. — Alimento.
— Vestimenta e habitação. — Tarefa diária. —
Castigos. — Direção moral e religiosa. —
Relações dos sexos 59

Capítulo 4 — Considerações gerais sobre
a administração 83

Capítulo 5 — Inovações 91

Capítulo 6 — Engenhos de açúcar 105

Capítulo 7 — Do café 118

Capítulo 8 — Do algodão 131

Capítulo 9 — Do fumo 142

Capítulo 10 — Das fazendas de vegetais comestíveis,
vulgarmente chamados de mantimentos 148

Capítulo 11 — Culturas que devem ser
naturalizadas, reproduzidas ou amplificadas . . . 169

Capítulo 12 — Horticultura 214

Capítulo 13 — Pomares e arvoricultura 232

Capítulo 14 — Das fazendas de gado 256

Capítulo 15 — Dos animais úteis à agricultura . . . 259

Capítulo 16 — Flagelos que perseguem
o agricultor 266

Capítulo 17 — Cursos agronômicos em
fazendas-modelos 282

Capítulo último — Considerações gerais sobre
a vida do agricultor brasileiro 300

Notas do organizador 307

INTRODUÇÃO[1]

O período compreendido entre 1808 e a década de 1830 foi um dos momentos decisivos do passado brasileiro: foram anos marcados pela ruptura do estatuto colonial, pelos embates entre diferentes projetos políticos a respeito da construção da ordem nacional, pelo aumento das tensões sociais, pelo reordenamento das atividades econômicas escravistas. No final desse período, em 1839, publicou-se no Rio de Janeiro o *Manual do agricultor brasileiro*, um livro que pretendia guiar os senhores de escravos na gestão de suas unidades agrícolas, mas que, ao responder a certos problemas da sociedade escravista brasileira coeva, buscava ir mais além do que simplesmente fornecer instruções técnicas aos proprietários rurais.

O autor do livro, o francês Carlos Augusto Taunay

(1791-1867), mudara-se havia pouco mais de duas décadas para o Brasil. Sua família tinha se envolvido profundamente nos eventos da França revolucionária e napoleônica. Seu pai, o eminente pintor Nicolas Antoine Taunay (1755-1830), fora um dos fundadores do Instituto de França e, com a ascensão de Napoleão Bonaparte ao poder, passara a fazer parte do círculo de artistas próximos ao imperador. Carlos Augusto, por sua vez, ingressou jovem no Exército francês. Em 1810, com dezoito anos, foi para os campos de batalha da Espanha, onde — no ano seguinte — se destacou na batalha de Sagunto, o que lhe valeu rápida promoção para o posto de major. Entre 1812 e 1815, participou de praticamente todas as grandes campanhas militares do ocaso do Império napoleônico: invasão da Rússia em 1812, batalha de Leipzig em 1813 (seu desempenho em Leipzig — quando teve o nariz decepado por uma lança — garantiu-lhe a obtenção da medalha da Legião de Honra), campanha de defesa da França em 1814, combates do Governo dos Cem Dias em 1815.[2]

A queda definitiva de Napoleão trouxe duro revés para a família Taunay. O envolvimento de pai e filho com o Império era de tal monta que a situação deles se tornou insustentável na França da Restauração dos Bourbon. Um inci-

INTRODUÇÃO

dente ocorrido em outubro de 1814, na primeira cerimônia pública do Instituto Real (novo nome do Instituto de
França) após a ascensão de Luís XVIII ao trono, bem o de-
monstra. Nessa ocasião, seriam indicados em sessão solene
presidida pelo duque de Angoulême (futuro Carlos X) os
alunos agraciados com o prestigioso Prêmio de Roma. Apesar de ter sido presidente da classe de belas-artes do Instituto no ano letivo de 1814, Nicolas Antoine, devido às suas
convicções políticas, foi afastado do cerimonial da premia-
ção. Indignado com a exclusão de seu pai, Carlos Augusto
dirigiu-se bruscamente a Augoulême para se queixar do afas-
tamento, o que levou vários dos presentes na cerimônia,
dentre os quais lorde Wellington, a pensar que se tratava de
um atentado bonapartista. A atitude de Carlos Augusto im-
plicou não só sua expulsão do Exército francês, mas também problemas adicionais para seu pai.

Por todos esses motivos, o convite feito a Nicolas Antoine Taunay para participar da montagem de uma Escola
Real de Belas-Artes na Corte portuguesa sediada na América foi muito sedutor. Obedecendo a instruções do Rio de
Janeiro, o marquês de Marialva, embaixador português em
Paris, arregimentou durante o ano de 1815 o grupo de pintores, escultores, gravadores, arquitetos e músicos que viria

a ser conhecido como a Missão Artística Francesa de 1816. Para tanto, Marialva valeu-se do auxílio decisivo de Joachim Lebreton, ex-professor do Instituto de França que havia caído em desgraça com o fim do regime napoleônico. A propósito, grande parte dos artistas que aceitaram o convite de Marialva e Lebreton era bonapartista: Auguste Taunay (irmão de Nicolas), Grandjean de Montigny, Jean Baptiste Debret. Nicolas Antoine se fez acompanhar, em sua mudança para o Brasil, de toda sua família, esposa e cinco filhos — Marie Josefine Rondel (1766-1844), Carlos Augusto, Thomas Hippolite (1793-1824), Félix Emílio (1795-1881), Teodoro Maria (1797-1880) e Aimé-Adrien (1803-28).

Logo após a chegada do grupo de artistas franceses ao Rio de Janeiro, em março de 1816, os Taunay adquiriram um sítio com vinte hectares no maciço da Tijuca, junto à cascata Boavista (atualmente conhecida como cascatinha Taunay). Em pouco tempo, seguindo o exemplo de outros refugiados franceses proprietários de terras na Tijuca e no Corcovado, deram início ao plantio de café em seu sítio, com o concurso de escravos. Nos primeiros anos de residência no Brasil, Carlos Augusto e Teodoro Maria foram os responsáveis pela gestão da propriedade. Em 1821, entretanto, houve uma divisão na família, com o regresso de

Nicolas Antoine, sua esposa e o filho Thomas Hippolite para a França. A volta de parte da família à Europa deveu-se tanto aos conflitos do pintor com o cônsul francês no Brasil — um antibonapartista convicto, que, desde a chegada da Missão Artística Francesa ao Rio de Janeiro, vinha criando uma série de dificuldades para o grupo — como a seus embates com o novo diretor da Academia de Belas-Artes, o português Henrique José da Silva, nomeado para o cargo em 1819, após a morte de Lebreton. No Rio de Janeiro, permaneceram os demais filhos do casal Taunay. Com exceção de Adrien-Aimé, morto por afogamento no rio Guaporé quando participava da expedição Langsdorff, os outros três irmãos criaram sólidos vínculos no Brasil. Teodoro Maria entrou para o consulado francês no Rio de Janeiro na década de 1830, aí trabalhando até sua morte; Félix Emílio seguiu a profissão do pai, tornando-se posteriormente professor de d. Pedro II e diretor da Academia Imperial de Belas-Artes; finalmente, Carlos Augusto ingressou no Exército brasileiro no posto de major, participando dos combates pela independência do Brasil na Bahia.

Na segunda metade da década de 1820, após pedir baixa do Exército brasileiro, Carlos Augusto Taunay passou a se dedicar à gestão da propriedade rural da família, especializada no cultivo do café. A redação do *Manual do agricultor brasileiro* data dessa época, que também marcou o início da colaboração de seu autor em diversos periódicos da Corte, notadamente no *Jornal do Comércio* e na folha franco-brasileira *Le Messager*. Em 1829, finalizada a primeira versão do *Manual*, Taunay tentou publicá-lo por meio de subscrições. A recepção dos anúncios colocados nos jornais da Corte, contudo, foi decepcionante. Em carta privada, Taunay atribuiu o fracasso de sua tentativa ao clima político que antecedeu a abdicação de d. Pedro I: "Cá a polêmica dos pelotiqueiros monopoliza a atenção", escreveu para um amigo seu da Bahia, "e não se deu a devida atenção a uma obra de interesse transcendente pelo assunto".[3] Antes da edição de 1839, houve apenas uma publicação parcial do *Manual* (seus dois primeiros capítulos) na revista *O Beija Flor*, que pertencia ao mesmo proprietário do *Le Messager*.[4]

O malogro de seus esforços não desestimulou Taunay em relação aos assuntos agrícolas. Tanto é assim que, em 1833, o ex-major ingressou na Sociedade Auxiliadora da Indústria Nacional (SAIN). Essa instituição fora criada em 1825, como parte do processo de fortalecimento do Estado imperial levado adiante pela elite política que havia participado da Independência. O objetivo central da SAIN era

INTRODUÇÃO

estimular o melhoramento da indústria brasileira, entendida no período como toda e qualquer atividade produtiva, fosse ela agrícola ou fabril. O mecanismo principal para a consecução desse fim seria a publicação de trabalhos sobre os diversos ramos industriais, ou nas páginas d'*O Auxiliador da Indústria Nacional*, periódico editado mensalmente pela SAIN a partir de 1833, ou por meio do financiamento para a impressão de panfletos e manuais.[5]

Se Carlos Augusto Taunay participou ativamente das atividades da SAIN na década de 1830, isso não franqueou a rápida publicação de seu *Manual*. A primeira edição integral do livro, em janeiro de 1839, foi uma iniciativa independente de Júlio Villeneuve, proprietário do *Jornal do Comércio*, do qual Taunay era assíduo colaborador. Todavia, impressa a primeira edição, a obra imediatamente caiu nas graças da elite política imperial. Ainda em janeiro desse ano, o ministro da Justiça e do Império Bernardo Pereira de Vasconcelos, um dos principais artífices do Regresso Conservador iniciado em 1837, indicou oficialmente o livro para a SAIN, recomendando sua distribuição por todo o território nacional e o financiamento de uma eventual segunda edição. O patronato de Vasconcelos revelou-se decisivo para o sucesso editorial do livro. Em março de 1839,

13

foi impressa sob os auspícios da SAIN a segunda edição do *Manual do agricultor brasileiro*, idêntica à primeira edição, com exceção de uma dedicatória — aliás bem previsível — ao ministro do Império.

O livro de Taunay foi um dos primeiros manuais agrícolas publicados no Brasil. O campo da literatura agronômica, em que pesem os tratados greco-romanos clássicos sobre o assunto (Xenofonte, Catão, Varrão, Columela) e as publicações renascentistas que neles se inspiraram, era de constituição recente na Europa Ocidental. Escorando-se na grade conceitual retirada do discurso da economia política, em especial nas categorias analíticas "trabalho" e "produção", os autores europeus do século XVIII que escreveram sobre as atividades agrícolas se preocuparam fundamentalmente em propor técnicas inovadoras, capazes de elevar a produtividade das unidades rurais.[6] Em fins dos setecentos, o mesmo movimento de formação de um campo agronômico autônomo se fez presente nas Américas, de início nas Antilhas inglesas e francesas. Os autores antilhanos, no entanto, buscaram adaptar às realidades locais os propósitos de seus pares metropolitanos. O principal ponto dessa adequação, sem dúvida, reportou-se às relações sociais de produção: nos manuais agrícolas publicados para as Antilhas

ERRATA

Manual do agricultor brasileiro — C. A. Taunay

Por um erro de edição, no capítulo 11, as chamadas das notas do organizador foram numeradas incorretamente. Segue abaixo a remissão correta dessas notas.

NOTA	PÁGINA	LINHA	REMISSÃO CORRETA
1	171	6	cameliáceas.[1]
2	171	21	Jardim Botânico.[2]
3	175	7	bitneriáceas.[3]
4	175	8-9	cacauzeiros-silvestres,[4]
5	182	3	*Vanilla aromatica (swartz).*[5]
6	182	11	*vanilla flore viridi et albo fructu nigricante*[6]
7	183	6	cimarona[7]
8	184	14	*Coccus cacti, L.*[8]
9	185	5	*Cactus cochenillofer,*[9]
10	185	6	*Cactus opuntia,*[10]
11	188	13	*L.*[11]
12	188	20-1	reino de Cochim,[12]
13	189	9	França,[13]
14	191	12	*Laurus camphora L.*[14]
15	193	8	*Caryophillus aromaticus L.*[15]
16	193	11	ilha de Amboina,[16]

Nota	Página	Linha	Remissão correta
17	195	4	*Myristica moschata Thunberg.*[17]
18	197	14	*Curso alfabético de agricultura*[18]
19	200	9	urtíceas.[19]
20	200	12	campo da Aclamação,[20]
21	201	15	ampelídeas[21]
22	205	2	Montevidéu[22]
23	205	6-7	e das ilhas,[23]
24	207	17	urtíceas.[24]
25	207	19	cariofíleas.[25]
26	208	19	guerras do Sul,[26]
27	210	8	*Datura stramonium,*[27]
28	210	8	*Conium maculatum,*[28]
29	210	8-9	*Lappa bardana,*[29]
30	210	9	*Vesbascum blattaria* e *V. thapsus,*[30]
31	210	9-10	*Plantago major,*[31]
32	210	10	*P. media*[32]
33	210	10	*Xanthium strumarium*[33]
34	210	10	*X. spinosum*[34]
35	210	11	*Argemone mexicana*[35]
36	211	8	*Panicum spectabile* (Nees.),[36]
37	211	8-9	*Panicum maximum Jacq*[37]
38	211	11	*P. complanatus*[38]
39	211	23	*Chaetaria pallens*[39]

INTRODUÇÃO

em fins do século XVIII e começos do XIX, a questão central enfrentada por seus autores foi a administração do trabalho escravo.[7]

Atitude análoga pode ser observada no *Manual do agricultor brasileiro*. Tal como os autores antilhanos, a todo momento Taunay frisou que o principal problema a ser encarado pelos proprietários rurais brasileiros era a gestão dos escravos. É muito provável que ele conhecesse alguns dos escritos das Antilhas. A volumosa coleção *O fazendeiro do Brasil*, editada em Lisboa por frei José Mariano da Conceição Velloso entre 1798 e 1806, veiculou traduções de alguns dos mais importantes textos agronômicos antilhanos. A SAIN tinha em sua biblioteca alguns desses livros, e seu órgão de divulgação — *O Auxiliador da Indústria Nacional* — também publicou traduções de textos sobre a agricultura colonial inglesa e francesa.[8]

A administração dos escravos foi, de fato, o assunto central do *Manual do agricultor brasileiro*. Tanto é assim que, dos capítulos iniciais do livro, dois foram dedicados exclusivamente à questão. O primeiro deles (capítulo 2) apresentou a visão geral do autor sobre o problema da escravidão. Taunay, é certo, não encampou o que os historiadores norte-americanos denominam a "tese do bem positivo" (*po-*

sitive good thesis), isto é, a idéia de que a escravidão é uma instituição essencialmente benéfica. Para o autor, o cativeiro representava uma "violação do direito natural". Não obstante, era preciso defender a instituição, vista sua importância para a economia do Império. A argumentação de Taunay baseou-se em dois pontos. Em primeiro lugar, recorrendo a um procedimento clássico do pensamento conservador, o autor evocou o peso da tradição: "[...] a geração que acha o mal estabelecido", escreveu, "não fica solidária da culpabilidade daquilo que, pela razão que existe, possui uma força muitas vezes irresistível" (p. 50). Além do mais, encontrando-se a escravidão arraigada no corpo social, o fim repentino do cativeiro comprometeria a própria "existência nacional", como a experiência da revolução de São Domingos nas décadas de 1790 e 1800 demonstrara. Em segundo lugar, a escravidão dos negros comprados na costa da África justificava-se pelo resgate dos mesmos de seus primitivos donos, e pela inferioridade inata da raça africana: em quaisquer circunstâncias, o tráfico atlântico — transferindo o negro de seu continente de origem para a América — traria sensível melhora na vida do africano. Em realidade, dada a "inferioridade física e intelectual da raça negra", o adulto escravo equivaleria a um adolescente branco, transformando-se a escravidão num fardo não para os negros, mas sim para seus senhores. No fim das contas, a defesa do cativeiro negro adotada por Taunay acabou por aproximá-lo do que estava sendo escrito no Sul dos Estados Unidos, nesse momento, pelos mais ardorosos pensadores pró-escravidão, que postulavam, entre outras coisas, a inferioridade inata da raça negra (o negro estaria historicamente fadado à condição servil, visto que todas as nações africanas permaneciam incivilizadas; por ser estúpido, indolente e lascivo, o negro requereria supervisão constante; com instrução religiosa, o negro seria capaz de alguns aprimoramentos morais, mas não no nível de um adulto branco) e os efeitos benéficos da instituição escravista para a ordem política nacional, ao possibilitar a introjeção na comunidade branca do ideal de liberdade e de virtude cívica.[9]

Do teor dessa defesa da escravidão derivou em parte o modelo paternalista de governo dos escravos proposto por Taunay. No capítulo 3 de seu livro, o autor advogou a uniformização do tratamento da escravaria, com a elevação da quantidade e qualidade de vestimentas e alimentos fornecidos aos negros, a melhoria do estado sanitário das senzalas, a adequação dos trabalhos às forças e habilidades de cada cativo, a imposição de uma rigorosa disciplina, que pudesse dispensar o uso exclusivo da força bruta, a instrução religiosa dos escravos nos preceitos do cristianismo, a criação de relações familiares estáveis entre eles. Paternalismo e disciplina estrita, portanto, foram os dois pilares do ideal de gestão escravista apresentado por Taunay. Não por acaso, ele lembrou a todo momento que o exemplo a ser seguido pelos senhores brasileiros deveria ser buscado na prática dos jesuítas e das forças militares.

As prescrições veiculadas por Taunay sobre a administração dos escravos, na verdade, procuraram apontar soluções para os problemas mais agudos vivenciados pela escravidão no Império do Brasil nas décadas de 1820 e 1830. A natureza de sua resposta a esses problemas é bem evidente, por exemplo, na proposta para "territorializar" a reprodução da força de trabalho escrava no Brasil,[10] por meio do estabelecimento de famílias e dos estímulos ao crescimento natural da população cativa. Tal recomendação explica-se não só pela ameaça concreta do fim do tráfico negreiro transatlântico — nas letras da lei, proibido desde 1831 —, mas sobretudo pela consolidação da ordem nacional. Taunay (assim como outros autores coevos) acreditava que os escravos e as escravas nascidos no Brasil seriam bem mais disciplinados que os cativos africanos. Casos concretos de revolta africana no Brasil, como a Revolta dos Malês, em Salvador (1835), ou a fuga coletiva liderada por Manuel Congo, em Vassouras (1838), demonstravam aos olhos das elites imperiais os riscos da importação maciça de africanos.[11] A "territorialização" da força de trabalho cativa, assim, além de silenciar as pressões inglesas pelo fim do tráfico, que colocavam em risco a soberania nacional, diminuiria sensivelmente as tensões sociais internas em torno da escravidão.

O paternalismo contido nas prescrições de Taunay sobre a gestão escravista, ademais, articulou-se a uma concepção mais ampla de poder político no Império do Brasil. Como demonstrou o historiador Ilmar Rohloff de Mattos, o processo de formação da classe senhorial escravista do Centro-Sul foi indissociável da própria construção do Estado nacional. A visão oligárquica da vida política corrente no Brasil oitocentista postulava que o atributo do governo — tanto do Estado como da Casa — cabia apenas à "boa sociedade", isto é, ao mundo dos brancos proprietários e cidadãos. A missão civilizadora do poder monárquico, que previa o exercício de uma tutela paternal do imperador e de seus burocratas sobre todos os súditos brasileiros, desdobrava-se necessariamente no paternalismo dos proprietários sobre seus dependentes — mulher, filhos, parentes, clientes, agregados e, naturalmente, escravos.[12] O ideal paternalista de governo dos escravos, desse modo, conectava-se diretamente com a manutenção da ordem nacional: Carlos Augusto Taunay acreditava que suas medidas para a gestão escravista seriam o único meio capaz de *civilizar* os escravos, garantindo desse modo a segurança pública e privada do Império.

O capítulo a respeito dos "cursos agronômicos em fazendas-modelos" operou no mesmo sentido. O programa de educação agrícola voltado para os futuros senhores e administradores pretendia uniformizar o comportamento administrativo da classe senhorial e de seus prepostos. O contraste com a pedagogia voltada para os escravos não poderia ser mais nítido: afinal, o propósito central da instrução dos brancos era exatamente o de educá-los na arte de bem comandar os cativos.

Afora o tema da escravidão, o *Manual do agricultor brasileiro* teve outros dois grandes assuntos: a melhoria e a diversificação da produção dos gêneros de grande lavoura para exportação e o aumento da produção dos gêneros de primeira necessidade. A visão de Taunay sobre as potencialidades naturais brasileiras unificou esses dois temas. Para o autor, o território brasileiro era adequado a toda e qualquer

INTRODUÇÃO

atividade agrícola. Essa visão foi tributária de uma certa sensibilidade pré-romântica, muito presente na obra poética de seu irmão Teodoro Maria, mas também de concepções caras à Ilustração luso-brasileira, que apontavam para a vocação agrícola do Brasil.[13]

Cabem alguns esclarecimentos sobre o tratamento dado por Carlos Augusto Taunay a esses dois assuntos. A defesa do melhoramento técnico da agricultura de exportação derivou da necessidade premente de elevar a produtividade da economia escravista brasileira, em face da competição dos demais produtores que operavam no mercado mundial. Entretanto, o nível técnico prescrito por Taunay, excetuando-se a cafeicultura, se não era defasado, foi rapidamente superado nas décadas seguintes à publicação de seu *Manual*. É preciso ter em conta que o livro, depois de finalizado, demorou dez anos para ser publicado. Tome-se o caso da produção açucareira: a assertiva de que "a parte fabril dos engenhos não é tão defeituosa como a parte agrícola" (p. 107) seria desmentida pouco tempo após o aparecimento do *Manual do agricultor brasileiro*, com o surgimento das caldeiras de processamento a vácuo do caldo da cana fabricadas pela firma francesa Derosne & Cail, que elevavam em muito o rendimento açucareiro e a produtividade do tra-

21

balho escravo. Algo semelhante ocorreu com as observações a respeito da economia algodoeira. Taunay tratou quase exclusivamente do algodão arbóreo, de fibra longa, cultivado nas províncias do Norte do Império. Apesar de indicar que as províncias ao sul de Minas Gerais eram plenamente aptas ao cultivo do algodão herbáceo, de fibra curta, Taunay não deu notícia do descaroçador automático de Eli Whitney, voltado especificamente para os algodões de fibra curta, e que havia criado as condições técnicas para a revolução algodoeira do Sul dos Estados Unidos. Em relação à cafeicultura, no entanto, Taunay demonstrou grande atualização técnica, compreensível em vista de ele próprio dirigir uma plantação de café. Deve-se notar que ele foi o primeiro autor de que se tem notícia que procurou difundir a técnica de plantio do cafeeiro em curva de nível.

No que se refere às considerações sobre as lavouras de mantimentos e de gêneros de primeira necessidade, Taunay ressaltou a importância de as propriedades rurais escravistas terem produção variada de alimentos para abastecer seus cativos. A preocupação com a diversificação agrícola também norteou os capítulos sobre "culturas que devem ser naturalizadas, reproduzidas ou amplificadas" (capítulo 11), horticultura (12) e pomares (13). Nesses capítulos, o plano

INTRODUÇÃO

de diversificar a economia imperial, garantindo a ocupação equilibrada do território nacional, fazia parte do projeto mais amplo de colocar o Império no diapasão dos países da Europa Ocidental. No capítulo sobre pomares, que trouxe propostas para o melhoramento das espécies de frutas nativas do Brasil, percebe-se que Taunay tomou partido na "disputa do Novo Mundo", isto é, a polêmica que polarizou naturalistas e homens de letras dos dois lados do Atlântico acerca da superioridade ou inferioridade do mundo natural das Américas em relação ao do Velho Mundo.[14] Para o autor, a natureza do Brasil nada devia a outras regiões do globo. As descrições laudatórias do território nacional, presentes em toda a segunda metade do livro, não eram meros ornamentos discursivos. A fertilidade e a abundância a toda a prova do Brasil, eis a mensagem de Taunay, só esperavam a indústria do homem para serem exploradas a contento.

Os três temas gerais do *Manual do agricultor brasileiro* (escravidão, agricultura de exportação, gêneros de primeira necessidade) convergem para um ponto claro: o livro foi concebido por seu autor como uma peça na construção da nova ordem nacional que estava sendo erigida nas décadas de 1820 e 1830. É esse caráter do livro que explica seu apadrinhamento por Bernardo Pereira de Vasconcelos, no momento exato do Regresso Conservador (1837-41), movimento que moldaria decisivamente a feição institucional, política, social e econômica do Segundo Reinado. O livro, em resumo, pretendia levar para dentro das fazendas e dos engenhos brasileiros a ordem que os agentes do Regresso queriam construir.

A memória familiar dos Taunay tentou, na passagem do século XIX para o XX, transformar Carlos Augusto em abolicionista *avant la lettre*. O escritor romântico visconde de Taunay, por exemplo, afirmou que seus tios Carlos Augusto e Teodoro Maria "foram os primeiros abolicionistas na Sociedade Auxiliadora da Indústria Nacional". A mesma avaliação foi reiterada pelo filho do visconde, o historiador Affonso d'Escragnolle-Taunay.[15] Como se poderá notar pela leitura deste livro, essas assertivas não têm o menor fundamento. Carlos Augusto Taunay foi, na verdade, um dos mais sistemáticos defensores da escravidão negra no Brasil oitocentista.

Construído pelo olhar do estrangeiro que se naturaliza brasileiro, o *Manual do agricultor* de Carlos Augusto Taunay é um retrato altamente expressivo do Brasil — e para nós, hoje, terrificante. Trata-se de um documento funda-

INTRODUÇÃO

mental para a compreensão da sociedade escravista brasileira do século XIX e, por conseqüência, da mentalidade escravista das elites locais, das relações de poder escoradas na escravidão, basilares na formação histórica brasileira.

A edição original do *Manual do agricultor brasileiro* contém um enorme Apêndice, que ocupa cerca de dois terços do volume total da obra. Quase todos os textos que compõem esse Apêndice foram retirados do periódico *O Auxiliador da Indústria Nacional,* sendo que apenas um desses textos foi escrito por Carlos Augusto Taunay. Há ainda no Apêndice um compêndio sobre princípios básicos de botânica, redigido pelo renomado naturalista alemão Ludwig Riedel,[16] que também elaborou a taxionomia contida no texto principal do *Manual* e redigiu algumas de suas notas. Para uma coleção com os propósitos da Retratos do Brasil, o interesse reside no corpo do texto escrito por Carlos Augusto Taunay. Assim, foram suprimidas desta edição o Apêndice e as referências a ele contidas no texto do *Manual* (indicadas por [...]).

As notas de Taunay e Riedel vão no rodapé e estão indicadas com asteriscos; as demais, do organizador, estão nu-

25

meradas no final do volume. A ortografia foi atualizada, assim como os padrões editoriais. No que diz respeito à língua portuguesa, foram mantidos ainda usos hoje considerados erros, mas comuns no português de outras épocas (como o uso flexionado do verbo *haver* e o uso indiscriminado de *onde* e *aonde*). No caso das famílias botânicas e dos nomes científicos citados por Taunay e Riedel, quando os termos caíram em desuso, a taxionomia atual é fornecida em nota do organizador (nomes científicos em latim e nomes de família vegetal em português). A terminologia lineana de morfologia vegetal, citada no *Manual*, não foi modificada.

CRONOLOGIA

1791 Nasce em Paris, em 17 de agosto, Auguste Marie Charles Taunay, nome posteriormente trocado por Carlos Augusto Taunay, primogênito do pintor francês Nicolas Antoine Taunay (1755-1830) e de Marie Josefine Rondel (1766-1844).

1796 Nicolas Antoine Taunay torna-se membro do recém-fundado Instituto de França, lecionando na classe de belas-artes.

1799 Em 9 de novembro, golpe de Estado do 18 Brumário de Napoleão Bonaparte; Nicolas Antoine Taunay fará parte, nos anos seguintes, do círculo de artistas próximos de Napoleão, compondo várias obras que louvam as ha-

bilidades militares do imperador francês.

1807 Em novembro, tropas francesas, comandadas por Junot, invadem Portugal; no final desse mês, fuga da Corte portuguesa para o Brasil.

1808 Exército francês invade a Espanha, ocupando Madri e Barcelona; levante popular em Madri contra a ocupação francesa.

1810 Carlos Augusto Taunay é incorporado ao Exército francês, participando das campanhas da Espanha.

1811 Em outubro, por conta de sua participação na batalha de Sagunto, na Espanha, Carlos Augusto é promovido a major do Exército francês.

1812 Participa da campanha da Rússia.

1813 Destaca-se na batalha de Leipzig, na qual o Exército francês foi derrotado pela coligação russo-austro-prussiana, sendo ferido em batalha (seu nariz foi decepado por uma lança). Condecorado por Napoleão com a Legião de Honra.

1814 Em março, queda de Napoleão Bonaparte. Em outubro, incidente na cerimônia pública de reabertura do Instituto de França, rebatizado de Instituto Real: Carlos Augusto Taunay dirige-se bruscamente ao duque de Angoulême (futuro Carlos X), criticando a exclusão de seu pai do cerimonial do Instituto. Carlos Augusto é preso e expulso do Exército francês.

1815 Durante o Governo dos Cem Dias, Carlos Augusto junta-se às tropas de Napoleão Bonaparte. Derrota definitiva de Napoleão inviabiliza sua permanência na França.

1816 Marquês de Marialva, embaixador português na França, se-guindo instruções do conde da Barca, arregimenta o grupo de artistas que virá a ser conhecido como Missão Artística Francesa para montar a Academia de Belas-Artes do Rio de Janeiro. Carlos Augusto Taunay vem para o Brasil com toda sua família (pai, mãe, tio, irmãos). No Rio de Janeiro, os Taunay adquirem terras em torno da cascata Boavista, no maciço da Tijuca, próximo à Corte, iniciando em pouco tempo o plantio de café na propriedade.

1821 Nicolas Antoine Taunay regressa à França com sua esposa e seu filho Thomas Marie Hippolite. Os irmãos Félix Émile, Adrien-Aimé (pintores), Theodore Marie (cônsul francês no Rio de Janeiro a partir da década de 1830) e Carlos Augusto permanecem no Brasil.

1822-23 Carlos Augusto é incorporado, com a patente de major, ao recém-criado Exército brasileiro. Participa dos combates na Bahia pela Independência do Brasil; motim contra o general Pedro Labatut, comandante das tropas brasileiras, quase o leva ao fuzilamento.

1824 Falecimento do irmão de

Carlos Augusto, Thomas Marie Hippolite, em Paris; nesse mesmo ano, seu tio, Augusto Taunay, falece na propriedade da família na cascatinha da Tijuca.

1827 Com a fundação do *Jornal do Comércio* no Rio de Janeiro, Carlos Augusto Taunay torna-se seu colaborador, posição que manterá por longos anos, escrevendo artigos literários e de análise internacional. Pede baixa do Exército, sendo reformado. Dedica-se à gestão da propriedade da família no maciço da Tijuca.

1828 Morte de seu irmão Aimé-Adrien, artista plástico, durante a expedição Langsdorff, por afogamento, no rio Guaporé (Mato Grosso).

1829 Carlos Augusto redige a primeira versão do *Manual do agricultor brasileiro*. Tenta publicá-lo por meio de subscrições, mas não obtém êxito.

1830 Periódico *O Beija-Flor — Anais Brasileiros de Ciência, Política e Literatura*, editado no Rio de Janeiro, publica os dois primeiros capítulos do *Manual do agricultor brasileiro*. Carlos Augusto

passa a colaborar com o periódico franco-brasileiro *Le Messager*, editado no Rio de Janeiro. Seu pai, Nicolas Antoine, falece em Paris.

1833 Carlos Augusto ingressa na Sociedade Auxiliadora da Indústria Nacional.

1834 Cônego Januário da Cunha Barbosa lê, na Sociedade Auxiliadora da Indústria Nacional, uma memória de Carlos Augusto Taunay sobre colonização. Seu irmão, o pintor Félix Émile, torna-se diretor da Academia Imperial de Belas-Artes, cargo que ficará sob sua responsabilidade até 1851.

1839 Em janeiro, Júlio Villeneuve, proprietário da tipografia de mesmo nome e do *Jornal do Comércio*, custeia a primeira edição do *Manual do agricultor brasileiro*. Em março, sai a segunda edição do livro, dedicada ao ministro do Império Bernardo Pereira de Vasconcelos, sob os auspícios da Sociedade Auxiliadora da Indústria Nacional.

1843 Carlos Augusto desliga-se da Sociedade Auxiliadora da Indústria Nacional. Sua colaboração nos periódicos da Corte, notadamente no *Jornal do Comércio*, prosseguirá nas duas décadas seguintes.

1860 Participa da fundação do Imperial Instituto Fluminense de Agricultura, no Rio de Janeiro.

1862 Publica, com o padre Antônio Caetano da Fonseca, o *Tratado da cultura do algodoeiro no Brasil* (Rio de Janeiro, Laemmert), que pretende estimular a produção brasileira de algodão, em vista do colapso da economia escravista algodoeira norte-americana, ocorrida com o início da guerra civil nesse país, em 1861. Carlos Augusto Taunay publica, ainda em 1862, a *Viagem pitoresca a Petrópolis* (Rio de Janeiro, Laemmert).

1864 Volta para a França. Nesse ano, em Paris, abdica dos títulos de nobreza da família em nome de seu irmão, Félix Émile, barão de Taunay.

1867 Falece em 22 de outubro, perto de Paris.

Manual do agricultor brasileiro

Introdução

Entre todas as regiões do globo, talvez a mais apropriada à agricultura seja o Brasil, pois que na sua vasta extensão acham-se climas, terrenos e exposições de quantas qualidades é possível imaginar, de forma que dificilmente nos poderemos lembrar de uma espécie de vegetal, ou de uma sorte de cultura, que não exista já, ou que não possa, para o futuro, introduzir-se neste abençoado país, tão fecundo e variado em produções, ameno em aspectos e ares, tão regado de águas, revestido de matas, e aprazível à vista, que os primeiros descobridores não duvidaram avançar que tinham por fim deparado com o paraíso terrestre.

Tantas vantagens próprias são ainda realçadas pela posição média que ocupa no globo, e que comanda a comunicação marítima dos seis continentes. Possuindo portos vastos e seguros, onde podem-se abrigar todas as embarcações do mundo, o Brasil é, por sua natureza, destinado a servir de empório a todos os povos, e, por conseqüência, a possuir o cetro do comércio, cujos materiais são em grande parte fornecidos pela agricultura, se houver recíproca cooperação destas duas grandes fontes de riqueza nacional, para promover não só o seu mútuo aumento, como também o adiantamento da indústria fabril, e afinal elevar o Império a um inaudito grau de prosperidade.

Mas se do prospecto consolador das futuras probabilidades passarmos à indagação do que atualmente existe, então a cena muda, e somente oferece aos olhos do observador o triste quadro do mais vergonhoso atrasamento. A ignorância, os prejuízos, o apoucamento que o jugo do despotismo produz na inteligência humana, parecem ter-se dado as mãos para neutralizar todas as vantagens que a natureza prodigalizou ao solo; e se o Brasil, em semelhante atrasamento, fornece gêneros ao comércio, e um excesso de produção que provoca a população, pode dizer-se que o faz, à maneira dessas plantas cheias de vida e enérgica expansão que rompem entulhos, tabuados, paredões, e que, por mais obstáculos que se lhes ponham, vencem tudo e rebentam por toda parte.

Mas embalde produz a agricultura, se por falta de comunicações o comércio não fizer circular os gêneros para favorecer o consumo; e no Brasil as comunicações são ainda, ou nulas, ou dificultosíssimas, e mesmo nos lugares onde o mar e os rios oferecem canais naturais, o desleixo ou vertiginosa ambição do fisco multiplicam os embaraços.

A agricultura, que supedita emprego ao homem de vistas menos desenvolvidas, e até aos brutos, exige, contudo, todos os esforços do gênio mais ativo e vasto, para dirigir as suas operações e obter resultados que correspondam às forças que se puseram em ação; e no Brasil, onde a dificuldade se acha requintada pela condição dos operários (negros e escravos) a ponto tal, que não haverá exageração em avançar que quem governar com notável grau de perfeição um engenho ou uma fazenda será capaz de governar o Estado; no Brasil, dizemos, onde a esfera que a agricultura abrange não conhece limites, o seu exercício e direção são quase sempre abandonados à classe mais grosseira e incapaz, à dos peões, desertores e marujos, donde saem os feitores, os quais suprem a experiência, luzes e arte de mandar, por uma cega e supersticiosa rotina, e pela brutalidade.

O emprego das máquinas que multiplicam as forças do homem é a base de todo o produto avultado da agricultura. O arado, a principal e mais admirável das máquinas agrícolas, foi na Europa contemporâneo da introdução da cultura do trigo, e, na América, os americanos de língua inglesa não esperam, para arar os seus campos, que eles fiquem limpos dos tocos e raízes dos matos virgens; porém no Brasil nada se tem feito para a eficaz adoção deste indispensável instrumento, e quase que o único aperfeiçoamento que se tem introduzido desde o tempo dos indígenas, que não conheciam o uso do ferro, foi a substituição do espeque endurecido ao lume, de que se serviam para cavar a terra, pelas enxadas, as quais, com as foices e machados, constituem os únicos utensílios campestres usados e conhecidos pela mor parte dos agricultores brasileiros.

Um tal estado de infância, quando, em todas as regiões onde se cultivam os mesmos gêneros de exportação que nós cultivamos, o espírito de invenção e de aperfeiçoamento, poupando braços e despesas ao mesmo passo que amplia os produtos, permite dar mais em conta estes mesmos gêneros, pode não somente vir a aniquilar em breve tempo a nossa exportação, mas até fazer que no-los venham trazer de fora a muito melhor preço e qualidade para o nosso consumo, não sendo um absurdo o prognosticar que, com o andar do tempo, a corte do Rio de Janeiro viria a gastar maior

INTRODUÇÃO

porção de açúcar do que os engenhos da sua província haveriam de fabricar, por não poderem resistir à concorrência dos açúcares da Índia que os ingleses ou holandeses importariam a preço mui diminuto.

Os meios mais eficazes para que semelhante estado de coisas jamais se realize, e para nos remir do atual atrasamento, tão prejudicial como vergonhoso, estão ao nosso alcance, e são mesmo bem singelos e baratos; e como com as formas do governo representativo não há, para uma nação, males incuráveis, nem melhoramentos impossíveis, devemos esperar que não passarão duas legislaturas sem que os legisladores* tomem em séria atenção estes meios, e os adotem no seu todo, ou ao menos em grande parte.

Indicaremos brevemente esses meios que queremos classificar pelo seu grau de importância.

1º) A abertura de estradas** e canais, e promovimento do comércio de cabotagem que se deveria permitir a quantos o quisessem fazer para utilizar tantos produtos do litoral.

....

🐚| * Isto se escrevia em 1829; já duas legislaturas passaram sem que a esperança do autor se tenha realizado!!!

🐚| ** Entre as estradas, a de necessidade mais urgente, e cuja execução nos parece tão indispensável que os ministros não deveriam descansar en-

37

2º) A redação de um código para a escravatura, que uniformize o tratamento que se deve dar aos escravos, e combine o interesse dos senhores com o tolerável bem-estar dos pretos, pois que a religião, a humanidade e a utilidade pública e particular assim o exigem.

3º) A convocação anual, em cada comarca, dos agricultores mais consideráveis e pessoas mais conspícuas para formar um júri de agricultura, que premiaria com gratificações, medalhas e honrosas menções aqueles que se tivessem distinguido no decurso do ano pela perfeição dos seus produtos, introdução de alguma cultura nova, ou cuja escravatura estivesse no melhor estado, ou tivesse sofrido proporcionalmente menor mortandade.

---

quanto a não vissem acabada, a ponto de a poderem inspecionar, de ida e de volta, em carruagens de vidros e a quatro, é a que deve conduzir da Corte aos centros da província de Minas Gerais, proporcionando a essa província os meios de conduzir à Corte, em decuplada abundância, os gêneros que hoje nos manda, e outros muitos que o atual sistema de transporte não abrange, devendo os rendimentos do fisco dobrar na Corte só com a realização da dita estrada. Se d. Pedro, tomando a peito esta idéia, houvesse construído essa estrada, e erigido em Minas uma corte de verão, ainda, segundo todas as probabilidades, estaria hoje entre nós governando o Brasil em suma paz e prosperidade.[1]

4º) A criação de cadeiras de agricultura em todas as capitais de províncias, e mesmo cabeças de comarcas importantes, exigindo-se que os administradores e primeiros feitores dos engenhos e fazendas que contassem mais de vinte escravos fossem assistir às lições, e proibindo-se mesmo, depois de um prazo razoável, que se destinassem a semelhantes empregos as pessoas que não apresentassem diploma de terem freqüentado aquelas escolas.

5º) A redação e distribuição, em todas as freguesias do Império, de livros elementares e folhetos sobre a arte em geral, e os principais ramos de que se compõe.

Estes expedientes, e outros da mesma natureza, v. g., a criação de fazendas normais, de vários depósitos de modelos de máquinas e instrumentos mais apropriados a qualquer cultura, a fatura de uma lei que tornasse eficazes e obrigatórios os contratos celebrados na Europa com os colonos e famílias que os particulares lá engajassem, e a organização de sociedades promotoras da lavoura mudariam em poucos anos a face das coisas de maneira incrível.

A presente obra é um ensaio para suprir a falta quase absoluta de guia e livros elementares que sofrem os lavradores brasileiros, enquanto a legislatura, o governo e as câmaras provinciais se não ocupam com a devida atenção do melhoramento da arte que sustenta e enriquece o Estado, e não encomendam a homens de saber e experiência tratados e escritos que difundam as teorias e bons métodos.

O autor propôs-se somente a insinuar ao agricultor idéias gerais sobre a sua profissão, e máximas sãs para a sua conduta, e a livrá-lo de alguns prejuízos nocivos, e não a dirigi-lo passo a passo nos seus trabalhos; se puder convencer os que governam e os que se entregam à agricultura da necessidade de procurar novas luzes e seguir nova marcha, terá obtido o fim a que aspira.

[...]

Capítulo 1

Plano da presente obra. — Escolha do gênero
de cultura. — Das localidades e dos terrenos.

Um tratado ou dicionário geral de agricultura para um país como a Inglaterra ou França é uma obra imensa e composta de grande número de volumes: o que seria pois para o Brasil, cuja cultura poderia facilmente abranger um número de vegetais duplicado daqueles que se cultivam na Europa, e a variedade de métodos praticados nas quatro partes do mundo, cujo estudo e comparação complicaria a tarefa dos redatores? Repetimos pois que nossa tenção, quando empreendemos o *Manual do agricultor brasileiro*, foi somente oferecer aos cidadãos dedicados à arte sustentadora do gênero humano um fio por onde saíssem a salvo o labirinto de prejuízos e trevas em que a agricultura jaz sepultada; e que não nos propusemos guiar todos os seus passos e mostrar-lhes todos os recantos do caminho que hão de seguir para chegar ao alvo de riqueza e perfeição, que todos devem ambicionar na sua carreira; não pretendemos instruí-los cabalmente, mas sim inspirar-lhes o desejo de se instruir, e, para nos servirmos de uma comparação tirada da mesma arte que nos ocupa, limpar o terreno dos abrolhos e parasitas que o obstruem, isto é, os seus espíritos das preocupações, e supersticiosas rotinas que os abafam, para dispô-los a receber com proveito a sementeira das sãs doutrinas e aperfeiçoamentos úteis.

Sendo este o nosso fim, claro é que havemos de percorrer todos os ramos da ciência, sem profundar nimiamente qualquer deles. Nossa divisão se baseia no princípio de tratarmos antes de tudo daquilo que em primeiro lugar chama a atenção do agricultor, e iremos seguindo a matéria à proporção do seu interesse, calculado pela quantidade de forças que o gênero de cultura exige, ou pela porção de produtos que fornece ao consumo.

A primeira consideração que ocupa o agricultor que procura estabelecer-se é a escolha do local e qualidade dos terrenos. O local deve ser sadio, regado de águas, e ter comunicações fáceis, por mar ou por terra, com o mercado

Capítulo 1

onde os produtos acham extração.* Após estas condições vem logo a da qualidade dos terrenos, e só após, pois que havendo as três grandes vantagens do local, é mui raro que falte a fertilidade às terras de lavoura, ou ao menos à grande porção delas, assim como faltando qualquer ou a totalidade das vantagens apontadas, e mormente a da facilidade das comunicações, seja aliás qual for a fecundidade das terras, nunca o lavrador fará grande fortuna; devendo com tanto menos escrúpulo antepor a escolha do local à das terras quanto é certo que o solo brasileiro é tão fértil que, se exceutarmos algumas catingas e agrestes, e estes mesmos bons ainda para criação de gado, não há terreno, por inferior que se julgue, que não seja suscetível de maior variedade de cultura do que o agricultor mais curioso e paciente pode reunir.

Mas já não está ao alcance de muitos o escolher o local do seu estabelecimento. Em todos os lugares acessíveis, as terras estão repartidas, e situados os engenhos e fazendas.

---

* Esta observação não é nova. Catão,[1] no seu livro *De re rustica*, já dizia: "Fundus eo in loco habendus est, ut et oppidum prope amplum sil, etc. mare aut amnis quo naves ambulant". Deve-se procurar um fundo que seja vizinho de uma grande cidade, do mar ou de algum rio navegável.

Graças à falta de comunicações, e absurdas dificuldades administrativas, para obter sesmarias, que somente favorecem as famílias poderosas, os estrangeiros que chegam a este país para se ocuparem na agricultura, e os cidadãos que mudam da vida urbana para a campestre, são obrigados a comprar estabelecimentos já feitos, ou a arrendar ou aforar sítios em segunda mão. Basta pois o que temos dito sobre as considerações do local, que em caso algum se devem perder de vista.

Poucas observações faremos igualmente sobre a qualidade dos terrenos. A faculdade de derrubar as matas virgens, e de abandonar o terreno cansado até a renovação das matas, proporciona colheitas que rendem mais ao lavrador, mesmo nas terras medíocres e nos anos menos férteis, do que o agricultor europeu consegue das colheitas mais felizes; portanto, qualquer terreno, nos três ou quatro anos imediatos à derrubação das matas virgens, preenche a expectativa do fazendeiro. A diferença pois na qualidade das terras influi somente na maior ou menor duração do tempo da cultura, tanto mais que, à exceção dessas terras privilegiadas, que setenta ou oitenta anos a fio dão produtos em igual abundância, as terras lavradas abandonam-se depressa por novos roçados. Somente na vizinhança das cidades

CAPÍTULO 1

onde as propriedades estão já nimiamente subdivididas, e são cultivadas há muito tempo, é que o lavrador se vê obrigado a solicitar amiudadamente os mesmos terrenos, mas, como o uso de adubar as terras é pouco conhecido e praticado, os resultados são muito inferiores ao produto quase espontâneo das derrubadas recentes.

A arte de conhecer os terrenos, e de os adubar, cujas teorias ocupam tanto espaço nos tratados d'agricultura européia, e que hão de obrigar os futuros agrônomos brasileiros a indagações mui profundas, exige de nós poucas palavras.

Todos os terrenos do Brasil se podem dividir em três grandes classes:

os de massapé;
os de barro;
os de areia.

Massapé. Os terrenos de massapé merecem em tudo a preferência. Compostos inteiramente, ou em grande parte, de terras de aluvião em camadas de húmus puro, possuem todas as qualidades, não cansam, e pode-se afiançar que a universalidade dos vegetais se dá bem em semelhantes terras; mas sobretudo a cana-de-açúcar, o cacaueiro e as horta-

45

liças. Feliz o senhor de engenho que levantou o seu estabelecimento em terras de massapé! Os celebrados igapós da Bahia, nos quais dezessete engenhos se divisam de um só golpe de vista, oferecem o mais excelente massapé do Brasil.

Barro. Os terrenos de barro são geralmente férteis e conservam melhor a umidade do que os de massapé, se bem que são inferiores a estes em fecundidade; o barro forma a base destes terrenos, nos quais o húmus, o talco e diversos minerais se encontram em proporções que variam. O café, diversas árvores frutíferas, e, para melhor dizer, a generalidade dos vegetais, dão-se bem nestes terrenos, os quais porém se deterioram depressa, mormente nas fraldas dos montes e outeiros, e portanto obrigam a novas derrubadas.

Areia. As terras puramente arenosas nada produzem, mas bem depressa a influência dos meteoros e da atmosfera modificam a superfície, e então a vegetação apodera-se progressivamente desses terrenos; e o curioso trabalho da natureza, que principia pela humilde traça e acaba por frondosos matos, pode-se observar em todas as suas épocas nas dunas da costa do Brasil, que, por sua alvura, os navegantes intitularam lençóis.

Aliás os terrenos areentos, quando se acham natural ou artificialmente misturados com uma competente porção de

Capítulo 1

húmus ou terra vegetal, são essencialmente apropriados à cultura, uma vez que sejam convenientemente regados. Todas as raízes, e mormente a mandioca, se dão aí maravilhosamente bem, e as frutas e hortaliças nascidas nessas terras são mais sazonadas do que em quaisquer outras; as cucurbitáceas, como melões, melancias, abóboras, preferem esses terrenos, que devem merecer a maior atenção e estudo, porque uma imensa porção dos sertões é composta de fundo areento, de forma que, quando não há seca, espantam a rapidez e riqueza das colheitas no sertão. A fartura de meia dúzia de anos bons promove a multiplicação dos gados e povoação a um ponto maravilhoso; porém dois ou três anos de seca aniquilam outra vez essa riqueza; e para o futuro, quando a vasta extensão do Brasil for convenientemente povoada, as secas hão de produzir estragos incalculáveis.

As três qualidades primordiais dos terrenos que apontamos formam com as suas combinações muitas subdivisões que até o dia de hoje não merecem particular atenção, porém que no porvir, como já observamos, serão objeto de muitos estudos para os agrônomos, aos quais fica igualmente reservado o estudo dos terrenos frios e cálidos, assim como a análise dos meios de corrigir o excesso de qualquer destas naturezas, a influência da exposição ao sul, ao norte, ao oriente e ao poente; o ensino da arte das irrigações, tão precioso, ou, por assim dizer, indispensável nos climas entretropicais, e ultimamente a arte dos adubos naturais ou artificiais tirados dos três reinos, conforme as localidades e natureza das terras. Hoje, o estado da nossa agricultura nesta parte não exige tanto; mas se a luta do homem com o terreno, para lhe arrancar produtos, não é no Brasil tão trabalhosa e árdua como na Europa, outras dificuldades compensam essa vantagem, e em primeira linha se apresenta a necessidade de empregar braços de escravos, na compra dos quais se sepulta avultado cabedal, e que obrigam o agricultor, não somente a uma vigilância de todos os instantes, mas tiram também à sua existência o sossego e doçura de coração que o tornam na Europa o exemplar da inocência e felicidade; porque o dono de certo número de escravos rústicos, sendo bom agricultor, preenche somente a metade de sua tarefa, devendo juntamente possuir e exercer as partes que constituem o bom chefe de um pequeno reinado, no qual, por governar despoticamente, e acumular as atribuições de legislador, magistrado, comandante, juiz e algumas vezes de verdugo, nem por isso é menos responsável do seu bom governo, do qual depende a prosperidade da família. Portanto, trataremos de entrada, e mais largamente do que outro qualquer assunto, um objeto de interesse tão transcendente como é a conduta e disciplina dos escravos, a respeito dos quais nunca vimos que se houvessem adotado princípios sãos ou método racional nas muitas províncias do Brasil que temos visitado.

Capítulo 2

Da escravidão. — Dos escravos pretos.

A escravidão, contrato entre a violência e a não-resistência,* que tira ao trabalho a sua recompensa, e às ações o arbítrio moral, ataca igualmente as leis da humanidade e da religião, e os povos que o têm admitido na sua organização têm pago bem caro esta violação do direito natural.

Porém a geração que acha o mal estabelecido não fica solidária da culpabilidade daquilo que, pela razão que existe, possui uma força muitas vezes irresistível, e certos abusos radicais têm uma conexão tão estreita com o princípio vital de uma nação, que seria mais fácil acabar com a existência nacional, do que com estes mesmos abusos; v. g. em

---

| * Os gregos diziam que os persas eram escravos unicamente por não saberem pronunciar o monossílabo *não*.

Capítulo 2

S. Domingos, a libertação simultânea dos escravos deu cabo do sistema político que coordenava aquela ilha com a Metrópole; a França perdeu um apêndice interessante de seu corpo social, e um povo preto se improvisou inesperadamente em um lugar que jamais a ordem natural das coisas destinaria para sede de uma potência africana.[1]

No caso particular da escravidão dos pretos comprados na costa da África, podemos considerar o seu resgate das mãos dos primitivos donos, e a inferioridade da sua raça, como circunstâncias atenuantes que devem tirar qualquer escrúpulo de consciência ao senhor humano, que põe em prática com os seus escravos a máxima admirável do Evangelho, e que só *de per se* vale um código de moral, de não fazer aos outros aquilo que não quereríamos que se nos fizesse a nós.

Todos os volumes e declamações dos antagonistas do tráfico dos pretos fazem pouca impressão nos homens verídicos que têm estudado de perto, com cuidado e imparcialidade, a questão. A organização física e intelectual da raça negra, que determina o grau de civilização a que pode chegar; os costumes das tribos, o modo por que elas se tratam umas às outras, e por que os indivíduos da mesma tribo se tratam entre si, não permitem que se nutram as ilusões de que, cessando o tráfico, as guerras, e outros usos bárbaros que a flagelam, haviam de descontinuar: bem ao contrário, se admitirmos duas exceções, uma na África, para os guerreiros que gozavam de todas as vantagens da sua semicivilização e oprimiam seus patrícios, e outra na América, para os que caem nas mãos de senhores ferozes, monstros de face humana, devemos reconhecer que, geralmente falando, a sorte dos negros melhora quando escapam ao cruel choque do transporte. Aliás, sem nos darmos por apologistas dos traficantes de escravos, gente quase sempre sem moral nem entranhas, observaremos que as idéias européias sobre o bem-estar não servem ao caso desse transporte. A vida anterior e privações que os pretos podem aturar determinam o método do embarque. O interesse dos donos é que os escravos escapem com a vida e sãos. Medem-lhes o ar, o espaço e o alimento, de forma que haja de tudo isto bastante para que o mor número não morra: nada dão a cômodo: conta nenhuma fazem das ânsias e dos sofrimentos. Porém, desejaríamos saber se a filantropia dos governos da Europa, e dos especuladores, no embarque dos prisioneiros, ou mesmo dos soldados e colonos, na maioria dos casos, tem obrado diferentemente.

A inferioridade física e intelectual da raça negra, classi-

CAPÍTULO 2

ficada por todos os fisiologistas como a última das raças humanas, a reduz naturalmente, uma vez que tenha contatos e relações com outras raças, e especialmente a branca, ao lugar ínfimo, e ofícios elementares da sociedade. Debalde procuram-se exemplos de negros cuja inteligência e produções admiram. O geral deles não nos parece suscetível senão do grau de desenvolvimento mental a que chegam os brancos na idade de quinze a dezesseis anos. A curiosidade, a imprevisão, as efervescências motivadas por paixões, a impaciência de todo o jugo e inabilidade para se regrarem a si mesmos; a vaidade, o furor de se divertir, o ódio ao trabalho, que assinalam geralmente a adolescência dos europeus, marcam todos os períodos da vida dos pretos, que se podem chamar homens-crianças e que carecem viver sob uma perpétua tutela: é pois indispensável conservá-los, uma vez que o mal da sua introdução existe, em um estado de escravidão, ou próximo à escravidão; porém, esta funesta obrigação dá os seus péssimos frutos, e o primeiro golpe de vista nos costumes, moralidade e educação desengana o observador e o convence de que a escravidão não é um mal para eles, e sim para os seus senhores.

O Brasil sente mais violentamente do que qualquer outra nação, ou colônia, este mal, e menos do que qualquer

53

outra acha-se em estado de se subtrair tão cedo à sua influência. Nossa agricultura, já tão decaída, não aturaria no momento atual nem a libertação dos pretos, nem mesmo a real cessação do tráfico; portanto, em vez de querermos sanar o mal, cuja extirpação levaria consigo a existência, o nosso trabalho deve limitar-se a mitigar os seus piores efeitos, e preparar os meios às gerações futuras para se poderem livrar sem perigo da praga social com que nossos geradores nos dotaram.

As considerações supra, resultados de uma observação desinteressada, fixam a opinião que devemos ter da escravidão dos pretos, peculiarmente no nosso Brasil; agora resta examinar o modo de tirar o melhor partido possível de uma situação obrigatória.

A escravidão priva o homem livre da metade de sua virtude. Este rifão não foi feito para pretos, sim para brancos, oriundos da primeira das raças humanas, da caucásica, e até para republicanos, gregos e romanos. Que diremos dos pretos de raça ínfima e sujeita aos apetites brutos do homem selvagem? Qual será a mola que os poderá obrigar a preencher os seus deveres? O medo, e somente o medo, aliás empregado com muito sistema e arte, porque o excesso obraria contra o fim que se tem em vista.

Capítulo 2

Sempre que os homens são aplicados a um trabalho superior ao prêmio que dele recebem, ou mesmo repugnante à sua natureza, é preciso sujeitá-los a uma rigorosa disciplina, e mostrar-lhes o castigo inevitável. Sem este meio não haveria exército de mar ou terra. Um branco, um europeu, abandonado à sua livre vontade, nunca seguiria o regime militar. Da mesma forma, um preto se não sujeitaria nunca à regularidade de trabalhos que a cultura da terra requer. Vejam-no na sua pátria, e entre nós quando liberto. Ele apenas emprega algumas horas cada semana para procurar o sustento, e não raras vezes prefere o jejum ao trabalho. Se pois se não pode determinar a trabalhar quando o fruto do trabalho é todo dele, qual seria o motivo que teria poder de o obrigar quando é para o senhor o fruto de seu suor? Fica pois claro que somente a mais rigorosa disciplina valerá para aplicar os negros a um trabalho real e regular, e que com eles o contrato da gleba, que hoje substitui a escravidão em toda a Europa, não poderia ter lugar.

Eis-nos pois obrigatoriamente com uma rigorosa disciplina nos campos: e mormente nas grandes fábricas, aonde uma perpétua vigilância e regra intransgressível devem presidir aos trabalhos, ao descanso, às comidas, e a qualquer movimento dos escravos, com o castigo sempre à vista. A maior ou menor perfeição desta disciplina determina o maior ou menor grau de prosperidade dos estabelecimentos, sendo este ponto de interesse tão transcendente, que consideramos como o remédio mais eficaz da decadência da nossa agricultura uma lei que fixasse a sorte dos pretos, e regularizasse em toda a superfície do Império o modo de os tratar, e a porção de trabalho diário que se pode exigir deles, pois que a ignorância, a avareza, e o desleixo, de mãos dadas, cegam os donos a ponto que a voz do seu interesse bem entendido não pode ser ouvida para os resguardar de que apliquem mal, exauram [sic], ou deixem inúteis as forças da sua escravatura.

Porém, talvez que certa gente se persuada que o governo, se se intrometesse a legislar sobre escravos, atacaria o direito de propriedade, e a prerrogativa do senhorio: para reconhecer o quanto esta opinião é errada, basta observar que a escravidão, como esta gente a entende com os antigos, e os asiáticos, não pode, nem deve existir hoje em um país cristão. Os governos europeus antes fecharam os olhos sobre este tráfico do que o permitiram explicitamente, e as considerações em que fundaram a concessão ao interesse foram tiradas da religião e do anterior estado de escravidão dos pretos na sua terra, cujo traspasse, em mãos de brancos e cristãos, devia ser favorável ao escravo, reservando-se o direito de intervir no contrato de traspasse, e estipulando tacitamente a favor do escravo as precisões do sustento, instrução cristã, e segurança da vida e membros.

Os negros pois nas colônias européias, e no Império do Brasil, não são verdadeiramente escravos, sim proletários, cujo trabalho vitalício se acha pago, em parte pela quantia que se deu na ocasião da compra, em parte pelo fornecimento das precisões dos escravos e sua educação religiosa.

O legislador tem, portanto, direito de se intrometer para que esta parte do contrato, de que é fiador, seja fielmente executada; tanto mais que o interesse dos donos, como já observamos, requer a mesma ingerência.

Aliás as leis existentes sobre a prisão e castigo, ou execução dos escravos pela parte pública, quando criminosos; a venda, ou libertação deles, por certa quantia, quando assim o requisitam, e a manumissão das crianças na ocasião do batismo, havendo o depósito de estilo, assaz comprovam que o governo nunca deixou de seguir a mesma doutrina e de considerar os pretos como menores debaixo da tutela dos senhores em virtude de um contrato obrigatório para ambas as partes; a regra de jurisprudência, que considera os escravos como coisas, não tendo aplicação senão no que toca à totalidade do trabalho que podem fazer na sua vida, logo que eles gozam no resto dos direitos passivos compatíveis com a livre disposição, para os donos, do mesmo trabalho, sendo uma blasfêmia contra o legislador e a nação o supor que jamais pudessem abandonar a sorte e vida de um ente humano ao ludíbrio de outro: e a ineficácia ou inexecução das leis a este respeito não podem autorizar outra conclusão senão a necessidade de as executar à risca, ou reformar convenientemente.

Capítulo 3

Da disciplina da escravatura. — Alimento. — Vestimenta
e habitação. — Tarefa diária. — Castigos. — Direção
moral e religiosa. — Relações dos sexos.

Esta disciplina, cuja indispensabilidade provamos no capítulo supra, não pode ser invariável, pois que as circunstâncias do clima, lugar e gênero de cultura por força a hão de modificar; porém, é possível reduzi-la a certas regras gerais, com a latitude que as peculiaridades requerem. Estas regras abrangem: 1º, *o alimento*; 2º, *vestimenta e habitação*; 3º, *a tarefa diária*; 4º, *os castigos*; 5º, *a direção religiosa e moral*; 6º, *as relações dos sexos*.

Alimento. Os negros são por natureza sóbrios, e nos seus desertos aturam jejuns extraordinários; o seu gênero de vida e gênio assim o requerem. A mor parte do tempo, ou dormem ou andam à caça das feras e dos homens; mas, sendo tirados daquele estado selvagem para serem aplicados à vida regular e trabalhos severos da lavoura, é preciso sustentá-los regular e suficientemente. Em todos os países a ração do soldado é uma base conveniente para estabelecer a quantidade de alimentos que se necessita para conservar a saúde e forças sem superfluidade; portanto, a lei ou código que reclamamos poderia adotar essa ração como norma.

Partindo deste princípio, um negro não deveria receber por dia menos de um décimo da quarta do alqueire raso de farinha de mandioca, meia libra de carne fresca ou quatro onças de carne salgada ou peixe, e duas onças de arroz ou de feijão; subentendendo-se que, segundo as localidades, se admitiriam os equivalentes em fubá, arroz, toucinho, peixe, &c.[1]

Nos sertões, e nas fazendas onde se cultivam mantimentos, a comida que se dá aos pretos é em geral suficiente. Nos engenhos de beira-mar, fábricas de mineração, serrarias, olarias, &c. torna-se mais necessária uma tabela legal e obrigatória, não porque a maioria dos senhores sejam desumanos e neguem de propósito o necessário, mas sim porque o desleixo, a incomodidade do desembolso cotidiano, e outras razões idênticas, dão causa à escassez e irregularidade das distribuições, com imenso prejuízo dos senhores, que perdem, pela diminuição das forças dos escravos e mortandade, o décuplo do que poupam com tão mal-entendida parcimônia.

O método de tomar o alimento não é menos necessário à saúde do que a suficiente quantidade, e portanto, em uma fábrica bem disciplinada, os escravos deverão comer juntos, e em ranchos de cinco, ou dez, três vezes ao dia. Esta regra não deve transgredir-se, mesmo em favor dos casados, senão talvez nos domingos.

A comida de manhã pode ser leve: bastará um punhado de farinha ou bolo de milho, com uma fruta ou um cálix* de cachaça; ao meio-dia, carne ou peixe com pirão; de noite feijões, abóboras, arroz, carurus, &c.

---

* O gosto, ou, para melhor dizer, a paixão dos licores fermentados ou espirituosos, é universal, e os povos selvagens, assim como os civilizados, procuram com a mesma ânsia essas bebidas, e sendo o seu uso moderado, mormente para os que seguem a vida ativa de caçador, guerreiro, ou agricultor, longe de ser nociva, é o meio mais eficaz de sustentar as forças e firmar a coragem. Portanto, julgamos que de quando em quando a distribuição de uma porção de cachaça, v. g. um copinho de manhã e outro nos domingos de tarde, produzirá muito bons efeitos, particularmente para autorizar a completa proibição de comunicar com as vendas, foco de todos os vícios e crimes dos escravos, e teatro do infame tráfico da cobiça com o roubo.

Os produtos abundantíssimos de hortaliças, legumes e frutas permitem dar, sem maior despesa, uma comida variada e saudável; e é mais por descuido e preguiça do que por carência que os pretos passam uma vida tão miserável em muitas partes, pois que cumpre confessar, não obstante as sevícias e arbitrariedades praticadas por certos senhores no Império do Brasil, que os pretos são, geralmente falando, mais bem tratados a respeito de comer e vestir, e menos asperamente aplicados ao trabalho e castigados do que nas colônias das nações européias, onde a avareza fez calar a voz da humanidade. Portanto, bastará em muitas partes regularizar o que se pratica para que o nosso sistema se ache em pleno andamento.

O que dissemos da índole dos pretos, com a confirmação de experiências mil vezes repetidas, basta para que formulemos como axioma, sem ponderar considerações de detalhe, que o uso de conceder os sábados, em lugar de dar a ração, é sumamente errôneo e de péssimo resultado.

Vestidos, habitação e doenças. Os negros andam nus na sua pátria, e habitam ranchos que apenas serviriam para chiqueiros; mas não se deve concluir disto que um tal modo de vida seja o mais conveniente e favorável à sua natureza, porque seria o mesmo que dizer que devemos voltar

CAPÍTULO 3

ao antigo modo de viver das primeiras eras. E de mais, o clima do Brasil, mais frio e úmido do que o da África, convém pouco à compleição dos africanos, os quais não aturariam muito tempo se vivessem à sua moda, sem vestidos nem abrigo.

A economia deve ser a base de toda a empresa de agricultura, e portanto seria para desejar, como mais longe explicaremos, que tudo quanto se consome em uma fazenda saísse dela, e mesmo o pano de algodão de que se vestem os pretos. Todavia, nem todos os fazendeiros têm as comodidades de mandarem fiar e tecer em casa o pano de seu uso; mas os tecidos de algodão de Minas são baratos e próprios para a escravatura. No inverno, mormente nas serras e províncias meridionais, a baeta deve substituir o algodão.

As senzalas devem ser levantadas do chão e conservadas com muito asseio, e é bom que os pretos durmam em jiraus, e que cada um tenha a sua esteira e um bom cobertor, sendo preciso haver todos os domingos uma inspeção severa do estado e limpeza da habitação, camas e vestidos da escravatura, a qual, se não houver todo o cuidado e previsão, se deixará atolar na sua imundície, ou venderá os trastes e cobertores.

Parece incrível que haja precisão de recomendar que se

tome cuidado dos pretos doentes, pois que o interesse e a humanidade igualmente o exigem. Mas o desleixo e abandono são tais em muitas partes, que somente na ocasião de perigo iminente é que se dá fé do estado dos escravos, e se lembram de os tirar das encharcadas palhoças onde jazem no chão, mal cobertas com trapos pestíferos. É de esperar que a alta do preço dos negros e menores rendimentos da agricultura tornem os senhores mais solícitos no tratamento da sua escravatura.

Toda a fazenda bem regrada deve ter uma sala ou local em situação seca e bem arejada para hospital, como camas de tabuado, boas esteiras ou enxergões, lençóis, camisas e tudo o que é necessário para a cura dos doentes, e se a situação da fazenda o permitir, deve-se ter um cirurgião de partido.

[...]

Tarefa diária. Os pretos não se compram para se ter o gosto de os sustentar e de os ver folgar, mas sim para tirar do seu trabalho os meios de subsistir e lucrar. O salário deste trabalho foi pago em parte por uma vez pelo dinheiro da compra, e a outra parte paga-se diariamente com o sustento. Mas o preto, parte passiva em toda esta transação, é por natureza inimigo de toda a ocupação regular, pois que mui-

Capítulo 3

tas vezes prefere o jejum e a privação de todas as comodidades ao trabalho que é justo que dê para o cumprimento do contrato, e só a coação e o medo o poderão obrigar a dar conta da sua tarefa.

A coação obtém-se pela vigilância assídua, e o medo inspira-se pela pronta e inevitável aplicação dos castigos.

Todavia, a porção do trabalho que os senhores devem exigir dos escravos cumpre que seja regulada pelo que fazem os operários e trabalhadores livres: a respeito do tempo que é razoável consagrar ao trabalho, a mesma natureza dá o seu tipo sancionado pela religião. O homem deve trabalhar seis dias e descansar no sétimo. As horas são marcadas pela duração do dia. Um trabalho ativo e continuado, desde que o dia amanhece até que anoitece, com os dois descansos de uma hora para almoço e duas para jantar, é o quanto se pode exigir diariamente da força humana, sem risco da saúde. Contudo, no inverno, um serão até às nove horas, ocupado em trabalhos caseiros, pode ter lugar sem inconveniente.

É evidente que estas regras têm muitas exceções, e que o apuro das colheitas e o gênero da ocupação, v. g. nos engenhos no tempo da safra, obrigam a outra divisão dos trabalhos; porém, um senhor judicioso deverá sempre combinar as tarefas extraordinárias e os trabalhos noturnos, de forma que o preto venha a ter o equivalente em sustento e descanso. Os homens livres excedem muitas vezes por ambição a tarefa regular do trabalho; mas o lucro e satisfação fazem o contrapeso do excesso. O preto, que nada vê a ganhar neste excesso de fadiga, entrega-se ao desespero, e brevemente definha.

Apresentamos com tanta maior razão esta observação, que não entendemos por trabalho o tardonho e indolente simulacro de ocupação dos pretos abandonados a si mesmos e extenuados pela fome, e de que pode dar uma completa idéia o serviço que fazem os presos da cadeia e pretos do calabouço, mas sim o ativo e produtivo emprego de todas as forças do corpo, que absorve a atenção do espírito, esprime o suor do corpo e despacha a tarefa como por encanto, o único capaz de conduzir a resultados que correspondam aos desembolsos. Uma tal aplicação da parte dos escravos não se pode obter senão com uma vigilância de todos os momentos, a qual, como já dissemos, exige uma disciplina semelhante à militar, e a reunião dos trabalhadores em grupos ou esquadras, com condutores ou feitores que os não percam de vista um só minuto.

Castigos. O medo, como já observamos e provamos, é

CAPÍTULO 3

o único meio de obrigar os escravos a cumprirem com o dever que a sua condição lhes impõe. O aumento de riquezas do senhor, em vez de melhorar a sua condição, quase sempre a empiora, pois que o escravo e a ovelha do pobre podem ser sustentados no seio da família, e do prato dos filhos; mas os escravos e os rebanhos dos ricos são entregues a pastores e feitores que os tosqueiam mais de perto e mais impiamente, enquanto o dono, pelo maior número que possui, fica menos habilitado para os vigiar com os seus próprios olhos; portanto, a lei que regulasse a escravidão tornar-se-ia com especialidade utilíssima para os ricos e para os seus escravos, poupando àqueles a fadiga de legislar para suas fazendas, e a estes as crueldades supérfluas e irregularidades de tratamento.

Vimos como a perpétua vigilância dos feitores e administradores ou senhores era precisa para conduzir os pretos ao trabalho, mas esta vigilância seria ilusória sem os castigos, os quais devem ser determinados com moderação, aplicados com razão, proporcionados à qualidade da culpa e conduta do delinqüente, e executados à vista de toda a escravatura, com a maior solenidade, servindo assim o castigo de um para ensinar e intimidar os mais. Quem observar estas máximas conhecerá que não é difícil conservar a disciplina mais rigorosa, com bem poucas correções, pois que o excesso dos castigos e repetição contínua, longe de corrigirem, embrutecem, não devendo ser permitido aos feitores o castigarem imediatamente, senão na ocasião de desobediência com revolta, que é o maior dos crimes domésticos, e ao qual deve aplicar-se depois o máximo do castigo, seja qual for a dose instantânea que o réu tiver levado. Exceto no caso apontado, os feitores deveriam ser obrigados a dar conta ao primeiro administrador ou dono, se este administrar em pessoa, dos crimes cometidos e suas circunstâncias; e este, julgando sumariamente, deverá na primeira reunião mandar castigar os sentenciados.

A lei deverá determinar a progressão dos castigos, e o instrumento que se deve empregar. O chicote de uma só perna, vulgarmente chamado de bacalhau, parece-nos conveniente, e cinqüenta pancadas desse instrumento são, ao nosso ver, suficientes para castigar todo o crime cujo conhecimento for confiado aos senhores. Os crimes que exigissem penas maiores, como fugas repetidas, furtos consideráveis, desobediência e bebedeira incorrigíveis, revolta contra o castigo e outros da mesma natureza, deveriam ser castigados na cadeia dos respectivos distritos, a requerimen-

Capítulo 3

to dos senhores e deferimento dos juízes de paz, que decidirão sumariamente.

A respeito dos crimes atrozes, como assassínios, envenenamentos, levantes com armas, conluios para levante em massa, &c., a lei já existe e reclama os réus que caem debaixo da sua alçada. Os senhores que, por avareza ou desleixo, os não denunciam, ou escondem, tarde ou cedo têm de chorar tão criminosa cumplicidade.

Damos de conselho a todo o senhor humano e razoável que deparar com escravos incorrigíveis que, depois de sofrerem repetidas vezes o máximo da pena, se não emendem, que os vendam sem atenderem à perda pecuniária, porque esta mesma venda pode servir para intimidar aos outros, por saberem que os vendidos vão cair em mãos de senhores sem piedade que os tratam com sevícia.

Para os crimes domésticos de maior monta, e para o gênio do geral dos escravos, cinqüenta pancadas bastam. Tudo o que passar daí é antes dado à raiva e vingança do que à emenda do castigado; até não deve haver licença para repetir essa dose senão com o intervalo de uma semana.

A respeito dos troncos, cepos, anginhos e todo o inumerável utensílio de tratos, restos da barbaridade antiga, que o governo já abandonou, e, por incoerência e criminoso desleixo, tolera ainda nas mãos dos particulares, é evidente que a religião, a humanidade e o bom senso imperiosamente ordenam que sejam reduzidos a cinzas. Uma prisão para conservar alguns dias os pretos fujões ou levantados até haver ocasião segura de os remeter para as cadeias, e colares de ferro para envergonhar aos olhos dos parceiros os preguiçosos e fujões, é tudo quanto a lei deve permitir que se conserve daquele arsenal de máquinas de tortura.

Os castigos das mulheres e crianças devem ser proporcionados ao seu sexo e debilidade, e executados separadamente dos homens. O que temos dito da justiça, moderação e sangue-frio de que o senhor se deve revestir tem igualmente lugar com estes entes mais fracos e dóceis. O conselho de vender os pretos incorrigíveis é ainda mais obrigatório no caso das pretas de má índole, que se não podem sujeitar à disciplina.

O que temos dito basta para os senhores e administradores de juízo e probidade. Estes, por sua própria experiência e observação, põem em prática as principais regras que acima apontamos; e se todos os senhores de escravos pertencessem à mesma classe, não haveria tanta necessidade de que o governo se intrometesse por uma lei no tratamento da escravatura, podendo confiar da prudência, interesse e

Capítulo 3

boa disposição de alma dos chefes de família a sorte dos escravos, como era uso na Antiguidade, onde o governo paterno subsistia em toda a sua simplicidade primitiva, estendendo-se até às esposas e filhos, sobre os quais os maridos e pais exerciam um poder discricionário que abrangia o jus de os sentenciar e executar, *inter parietes*,[2] no interior da casa. Enquanto se conservam a pureza dos costumes, e a singeleza patriarcal, este sistema tem poucos inconvenientes; mas, quando a existência social se complica, quando o luxo e cobiça se apoderam das almas, quando os ricos proprietários se concentram nas cidades para brilhar na Corte, ou exercitar os direitos políticos; quando a sede das honras, das delícias e do lucro que as procura se exaltam, então os abusos que resultam do absolutismo paterno e de tantos tribunais caseiros que não têm regra nem responsabilidade sobrepujam por toda a parte: então os tratos, cruzes e fogueiras inventam-se e empregam-se no segredo das famílias; então as murenas e os peixes dos viveiros cevam-se com a carne dos escravos; então as matronas romanas deleitam-se nos suplícios e no sangue, então põe-se em prática tudo o que a lascívia e crueldade podem inspirar de horrores e monstruosidades e imaginações depravadas pelo abuso das delícias.

Os povos modernos, instruídos pela experiência, e mais o fato daquilo em que consiste a verdadeira liberdade civil, têm de comum acordo posto leis e limites à autoridade paterna, e sem lhe tirar o que tem de saudável e necessário à conservação da ordem social, fazem-na responsável pelos seus excessos. Hoje a proteção pública se estende à criança ainda por nascer, e acompanha-a até o túmulo. O mesmo servo da gleba na Europa e o africano escravo na América não estão inteiramente abandonados, e as arbitrariedades que sofrem vêm dos abusos e não dos princípios.

Direção religiosa e moral. Vimos que uma das cláusulas tácitas da compra dos escravos era a sua conversão: os senhores têm portanto obrigação, não menos como cidadãos do que como cristãos, de lhes mandar ensinar e praticar a religião, sendo aliás o meio mais eficaz de os conservar obedientes, laboriosos, satisfeitos da sua condição e de ocupar inocentemente as horas de domingo.

O descanso do sétimo dia é de instituição divina, e o Onipotente se dignou prescrevê-la não só para o criado e escravo, mas até em favor do boi e do jumento. A experiência da Revolução Francesa mostrou que um dia sobre dez não bastava para relaxar o espírito e restaurar as forças do corpo, e que um dia sobre cinco era sobejo. Os seis dias de

CAPÍTULO 3

trabalho, terminados pela folga do sétimo dia, é período tão natural, que ele se encontra entre o maior número de povos em todas as épocas históricas.

A religião católica romana, como se ensina e pratica em Portugal e no Brasil, conforma-se muito pelo lado da indulgência com os preceitos do Evangelho, e sua tendência para a superstição a torna ainda mais apropriada ao gênio dos pretos, crédulos e supersticiosos por natureza. Os sublimes dogmas e considerações transcendentes da metafísica estão pouco ao alcance da sua inteligência, mas a pompa, as imagens, as orações, os escapulários, as glórias do paraíso, as chamas do inferno cativam a sua imaginação. A crença em um Deus e nos seus santos, e entre estes alguns da sua cor, que não desdenham o pobre escravo, entretém a alegria e a esperança no coração dos pretos. A religião reabilita a sua condição, e consagra suas relações com os senhores, que não aparecem mais a seus olhos como proprietários, ou como tiranos, mas sim como pais, como retratos do mesmo Deus, aos quais devem amar e servir com o sacrifício de todos os seus trabalhos e suores, para merecerem a bênção do Céu e uma eternidade de bem-aventurança.

Portanto, o emprego do domingo é reclamado pela religião, e este dia, à primeira vista sem utilidade, tornar-se-á o mais útil para conservar a boa ordem, a subordinação e a atividade do serviço na família.

Os negros, como já se disse, jamais saem da vista dos seus diretores durante os seis dias de trabalho. As tarefas ocupam os dias, o sono as noites, e eles, não tendo tempo para a ociosidade, vivem isentos dos vícios que ela produz. Os domingos e dias feriados devem ser passados da mesma forma em comum debaixo dos olhos dos guardas; a repartição deste dia, salvo circunstâncias particulares, pode-se fazer do modo seguinte.

Da hora de se levantar até as dez horas, haverá limpeza e lavagem da roupa da semana, limpeza das senzalas, e inspeção rigorosa pelos feitores e administradores.

Das dez horas até a hora de jantar, a missa com toda a pompa possível. Esta pompa não carece de grandes gastos. Os ornamentos da capela e do altar, e muitas flores e folhagens é quanto basta. O cantochão poderá ser executado pela escravatura. Depois do jantar, a música africana, as danças patrícias, e alguns jogos de luta, &c., bastam para divertir esta gente simples até as horas do descanso, que deverá ser precedido de uma oração e ladainha solene.

Aprovamos muito que nestes jogos, ainda que não fosse senão uma vez por mês, alguns objetos de pouco valor,

Das instituições mais singelas, uma vez arraigadas nos

mas que os negros cobiçam, v. g., miçangas, chapéus mais finos, lenços de cor aparatosa, &c., se dêem como prêmio aos mais destros. Uma distribuição de cachaça ou de outro qualquer espírito não seria também fora de propósito; tanto mais que toda a comunicação com as tavernas, peste do Brasil e perdição da escravatura, deve ser proibida debaixo dos mais severos castigos.

A privação de assistir aos exercícios e divertimentos do domingo poderá servir de castigo mais temido do que o mesmo chicote.

Os elogios e prêmios aos escravos de boa conduta e que terminam com atividade a sua tarefa oferecem outro meio eficaz de manter a disciplina; e os feitores inferiores podem ser escolhidos dentre eles quando a estas qualidades unirem suficiente inteligência. Alguma insígnia de pouca monta, como uma véstia ou boné de cor mais brilhante, bastará para a sua promoção, devendo no resto do tratamento e no trabalho ficarem em tudo assemelhados aos seus parceiros, aos quais devem servir de exemplo.

Das instituições mais singelas, uma vez arraigadas nos corações humanos, obtêm-se os resultados mais fecundos e duradouros. Podemos portanto afiançar aos senhores que seguirem o nosso plano (e ele antes tende a poupar despesas do que aumentá-las, exigindo somente paciência, regularidade e uma vigilância pessoal durante os primeiros anos) que em breve uma espécie de civilização tradicional de usos e costumes se estabelecerá entre a sua escravatura, que ao depois andará quase *de per se*, com o único cuidado de dar de quando em quando corda, mormente se se observar a regra de livrá-la dos sujeitos incorrigíveis, e de a não recrutar senão com pretos novos que os antigos formaram ao seu molde. Os jesuítas, mestres consumados na arte de disciplinar os homens, deixaram nas fazendas que o governo lhes confiscou certos usos e tradições que ainda hoje duram.

Relações dos dois sexos. A América devora os pretos: se a contínua importação os não recrutasse, em breve a raça desapareceria de entre nós. Este resultado, devido a umas poucas causas, das quais a principal é seguramente o mau sistema e desleixo do tratamento, se bem que nocivo à agricultura e à riqueza dos particulares, é vantajoso às nações que têm a certeza de não ver a raça africana naturalizar-se nas suas possessões e substituir a raça branca, a não haverem circunstâncias extraordinárias e crises políticas, como aconteceu em S. Domingos, sendo fácil calcular o momento em que, com a cessação do tráfico, o sangue preto deixaria poucos sinais na população.

CAPÍTULO 3

Debaixo deste ponto de vista, seria bom que não nascesse um só crioulo na extensão do Império. Mas, como por outra parte a lei da natureza não permite que isto aconteça, é melhor que o governo não se intrometa em um ponto tão delicado e o abandone ao interesse dos senhores.

Todas as espécies de animais, achando alimento e certo grau de bem-estar, tendem a se multiplicar: as raças humanas, com o mesmo privilégio, receberam demais ordem positiva de o pôr em prática; *crescite et multiplicamini!* e se fossem precisas novas provas do quanto a escravidão é contranatural, bastaria observar que ela obsta a que o preceito divino se pratique. Logo que o tal estado se modifica, e que a sorte dos escravos se torna fixa e tolerável, reaparece a tendência da raça humana para multiplicar, ou ao menos para se conservar no nível. Os vilões polacos e russos, debaixo do *Knout* do Hospodar e do Boyar,[3] e os servos da gleba em toda a parte, não precisam, para não diminuir de número, que um recrutamento anual preencha as mortes. Da mesma forma achamos nas fazendas dos jesuítas, aonde a sombra da disciplina que tinham organizado ainda se conserva, a descendência dos seus escravos. Portanto, o senhor humano que tiver estabelecido uma disciplina razoável e regularmente observada na sua fazenda, e equiparado pouco mais ou menos o número dos machos ao das fêmeas, pode contar que com bem poucas compras conservará a sua escravatura completa e a transmitirá aos filhos melhor, mais dócil e mais adestrada, se souber convenientemente tratar e educar os crioulos.[4]

A escravidão dos crioulos é mais difícil de justificar do que a dos pais comprados na Costa.[5] O filho segue a mãe, *filius ventris sequitur*;[6] esta máxima do direito baseia-se na precisão que o parto tem para viver do leite da mãe, e do pão do senhor desta. A lei considera que o senhor não trataria da cria e não faria desembolsos durante a longa duração da infância, se não tivesse em perspectiva o trabalho do resto da vida. O voto da lei legitima a este respeito o jus do senhorio.

Aqui se levanta outra questão. Terá o senhor o direito de obrigar os seus escravos a produzirem filhos? Responderemos que nem tem direito, nem precisão disso, e que para o conseguir bastará não contrariar a natureza que convida os sexos a se reunirem. E estas uniões deverão ser legítimas, ou passageiras? A religião e boa ordem pedem que sejam legítimas, mas por outra parte parece injusto e duro impor novo cativeiro aos escravos, e especialmente às mulheres, que se achariam com dois senhores: por conseqüência, jul-

CAPÍTULO 3

gamos acertadíssimo deixar absolutamente à vontade dos interessados a legitimação da sua união ao pé do altar.

Os casados devem continuar a viver cada um no rancho de seu sexo, e reunir-se somente de noite nas suas senzalas. Poderão passar os domingos com suas mulheres, depois de assistir aos ofícios divinos, como julgarem conveniente.

A respeito das uniões passageiras, devem elas ser inteiramente secretas e desconhecidas. Catão, que já citamos, certo de que a paixão das mulheres era a origem das maiores desordens dos escravos, estatuiu que poderiam habitar com as servas de casa por uma quantia que fixou. A medida, boa para o tempo e para o homem, repugna igualmente à delicadeza e princípios religiosos. Ninguém quer fazer da sua casa um lugar de prostituição. Mas também o dono de uma fazenda não quer freiras nem frades, sim uma raça de trabalhadores robustos, obedientes e pacíficos; portanto, deve fechar os olhos sobre tudo aquilo que não comprometa a decência e a disciplina. As ocupações e habitações dos dois sexos, como já observamos, estão separadas; deve haver dificuldade, mas não impossibilidade, de se encontrarem, e como os espartanos não castigavam o furto, mas sim a sua descoberta, os senhores devem da mesma forma castigar não a ação, mas o escândalo, tendo aliás na sua mão os meios de promover ou de restringir a disposição de se casarem legitimamente. Porém, uma vez que os casamentos forem celebrados na igreja, o código para os escravos deve ordenar que jamais os esposos e filhos possam ser separados por herança ou venda parcial, menos no caso de péssima conduta e incorrigibilidade, não deixando ao arbítrio dos senhores, e sim dos juízes de paz dos distritos, ouvidos os vigários, a sentença sumária em tais casos.

Casadas ou solteiras, as pretas prenhes devem ser tratadas com mimo e aplicadas a um trabalho moderado. O parto e amamentação merecem as competentes atenções.

Os filhos, depois de desmamados, deverão ser criados em comum por classes conforme a idade. A infância dos crioulos é perigosa, ou seja porque a umidade do clima lhes não é favorável, ou seja por nascerem de pais cuja constituição sofreu abalo pela crise do transporte. A dieta que devem observar se regulará pela disposição física; e à proporção que se forem criando, se lhes ensinará a trabalhar, a rezar, a amar seus senhores, suportar o frio, o calor, a fadiga e a seguir à risca a disciplina da casa. O mesmo se observará com as crioulas, que serão criadas à parte. Desta forma, uma nova geração, mais instruída, jeitosa, disciplinada

CAPÍTULO 3

e virtuosa do que a que veio da Costa, suprirá as faltas desta, e pouco a pouco a substituirá inteiramente.

Não se apresente como argumento em contrário o que agora acontece com os crioulos, cuja mor parte morre, e o resto se apresenta na idade adulta cheio de vícios e maldades, pois que as crianças, ou são tratadas com desumanidade e desleixo, e murcham como plantas em solo estéril, ou com demasiado mimo e indulgência nos braços da família, com mil esquisitices; e quando ao depois se acham crescidos e robustos, não querem nem podem voltar à vida rigorosa e desprezível que fazem seus parceiros, e ficam inteiramente perdidos. O nosso sistema evita ambos os excessos.

Entramos em grandes pormenores sobre o modo de dirigir a escravatura, porque consideramos este assento como o mais importante da nossa tarefa. Na Europa, os terrenos e meios de os tornar mais férteis merecem a particular atenção dos proprietários. Os jornaleiros acham-se em demasia, e de um dia para outro se podem trocar por outros sem desembolso nem perda. Aqui os terrenos pedem pouca atenção, e o modo de os tratar e plantar é quase uniforme; mas os trabalhadores carecem de todo o cuidado e estudo da parte dos seus senhores, que na sua compra empatam a maior parte dos seus fundos, estando os seus rendimentos e fortuna postos em uma loteria cujos lances favoráveis dependem em grande parte da sua vigilância e aptidão para governar.

Os princípios que estabelecemos, e os poucos esclarecimentos que damos, bastam, a nosso ver, para regular a conduta dos homens sensatos, que farão as aplicações e exceções conforme as circunstâncias exigirem, sem jamais perder de vista a máxima fundamental de que qualquer escravatura, e com especialidade a preta, não pode ser aplicada a um trabalho eficaz e produtivo sem coação e rigor, sendo somente possível conciliar o interesse do dono e o bom tratamento do escravo por uma vigilância de todos os momentos, e uma imutável regularidade de disciplina.

Capítulo 4

Considerações gerais sobre a administração.

O dono ou administrador de uma fazenda, na ocasião de tomar conta dela, dará, como já dissemos, seus primeiros cuidados ao local do seu estabelecimento, e disciplina da escravatura. Como o gênero de cultura ordinariamente se acha escolhido de antemão, ou é determinado pelas circunstâncias de fortuna ou de posição, e maior ou menor distância dos mercados, nada temos que dizer a respeito. É claro que somente um grande capitalista pode adquirir um engenho; que a lavoura dos mantimentos e do café ocupa a classe mediana e pobre dos lavradores de beira-mar e das serras; que o algodão e fumo são culturas mais próprias aos sertanejos, bem como a criação dos gados; que os cereais convêm às províncias meridionais; que o cacau é cultura por agora limitada à província do Pará; que a cultura do anil, do chá,* cochonilha, ópio, canela, pimenta, cravo, e outras muitas, achando-se abandonadas, ou, não tendo sido praticadas, formam novos ramos da indústria, que o geral dos agricultores não estão em posição de ensaiar.

Seja qual for o gênero de lavoura adotado, daremos como primeira regra de economia o procurar antes de tudo tirar o mantimento da escravatura da mesma fazenda, pois destarte o proprietário evita a maior despesa. Para não se ver na precisão de comprar carne-seca, a criação de suficiente porção de carneiros e porcos ser-lhe-á proveitosa, assim como o mandar fiar e tecer em casa o algodão necessário para vestir os escravos. Em uma palavra, a recomendação estende-se, quanto cabe no possível, a todas as precisões de casa, aos materiais para os edifícios, como madeiramento, tabuado, pedra, e até aos gastos da mesa do fazendeiro, de forma que, vendendo-se o mais, e comprando-se o menos possível, haja todos os anos um sobejo que engrosse o tesouro do proprietário para fazer face às casualidades, aumentar o estabelecimento e reparar as perdas da escravatura.

Persuadam-se bem os agricultores que a economia e a

---

§| * Esta cultura principia a ganhar favor, e é de esperar que daqui a poucos anos faça concorrência às mais florescentes.

Capítulo 4

regularidade são as duas virtudes mais necessárias na sua profissão; que por falta delas as fazendas mais opulentas e heranças pingues se perdem rapidamente, e que com o seu auxílio tem havido roceiros que, principiando com a sua enxada por único capital, viram crescer o número dos seus escravos em proporção geométrica e fundaram casas riquíssimas. Verdade é que estes milagres de indústria pertencem à época da barateza dos escravos e carestia dos produtos; hoje temos o revés desta prosperidade, e, portanto, duplicada obrigação de nos cingir às virtudes que podem salvar a agricultura da ruína que a ameaça.

A disposição dos edifícios, para que sejam apropriados à cultura, deve ser um dos primeiros cuidados do fazendeiro; e nisto, assim como no mais, se vê ele obrigado a tirar todos os seus auxílios e luzes de si mesmo, e a ser o arquiteto da sua casa e oficinas, pois que os oficiais que poderá obter mal saberão o trabalho material da sua profissão, e nenhuma idéia terão da utilidade e coordenação relativa aos usos a que se destinam. A civilização do Brasil provém da de Portugal, onde está infinitamente atrasada, e aqui o sistema colonial tendia positivamente a fazê-la degenerar.

O governo, bem longe de promover a instrução e aperfeiçoamento das artes, e de instituir escolas para as conservar, estimava que decaíssem do ponto em que tinham vindo da Metrópole; e com efeito um oficial grosseiro formava discípulos inferiores, alterando-se progressivamente as tradições até o atrasamento que hoje presenciamos, pois que os monumentos, igrejas, engenhos e edifícios que se levantam agora por todas as províncias, e mesmo na Corte, não podem, geralmente falando, sustentar comparação com o que se fez antigamente.

Para entrar nos detalhes de tudo quanto pertence à arquitetura rural, seria preciso um tratado mais volumoso do que esta nossa obra. Nos privativos capítulos de cada lavoura, diremos alguma coisa sobre as oficinas que lhe são próprias.

Indicaremos, como regras gerais, que a habitação do proprietário deve ser central, que a frente deve dominar a entrada principal, e os fundos as frentes de todas as dependências, como armazéns, cavalharices, estrebarias, oficinas, senzalas, &c., que podem formar os três lados de um grande retângulo, cuja área formaria um curral para todos os usos e serviços. O gosto e bom senso ensinam que os edifícios da mesma qualidade devem ser semelhantes e formar linhas contíguas; que a simetria e correspondência dos lados é a condição de toda beleza, e até conveniência, quando se trata de edifícios: para a obter é preciso conceber de um jato o plano de estabelecimento no seu maior auge; e como no princípio é raro que o empreendedor tenha as forças de levantar tudo quanto o plano pede, deve deixar os intervalos para completar o estabelecimento, à proporção que for aumentando, e edificar desde logo conforme o desenho adotado: mas, como já observamos, raras vezes há ocasião de instalar de novo um engenho ou fazenda; e, portanto, o recurso, quando o que existe não preenche bem o fim que se procura, é emendar e corrigir pouco a pouco; e à medida que novos edifícios se forem levantando, e os antigos se reformarem, aproximar-se o mais possível da regularidade desejada.

O oriente e o sul são as duas exposições mais favoráveis para a frente das casas, por haver menos sol e melhor viração. O local preferível é uma elevação medíocre, o centro da planície, com um declive suave da parte da frente e quase insensível da banda dos fundos para colocação de dependências. Bem entendido que deve haver água próxima, e, se for possível, dentro de casa; mas as localidades e circunstâncias peculiares de cada fazenda modificam estas regras.

O chão de todas as habitações e oficinas deve ser levantado acima do nível do terreno vizinho; uma mistura de barro, tobatinga, areia e bosta de boi aplicada e socada torna-se quase tão dura como o ladrilho e serve bem para argamassar tanto os terreiros como os pavimentos. Deve também dar-se uma mão de cal ou de tobatinga em todas as paredes da habitação por dentro e fora, sem excetuar a mais humilde palhoça; a saúde e o asseio assim o exigem.

O artigo do asseio merece toda a atenção do proprietário. Os negros, por desleixo e preguiça, viveriam no lodo e podridão, razão por que fizemos da inspeção assídua das suas habitações e trastes uma das regras de disciplina. A inspeção se deve estender a todas as partes e vizinhanças do estabelecimento, e neste particular os agricultores, e geralmente todos os brasileiros, pecam incrivelmente, pois que sendo tão extremosa a sua limpeza pessoal, a mor porção das casas oferece um grau de sujidade notável, e é raro não encontrar ao sair da cozinha um intransitável lamaçal aonde todas as águas imundas se despejam, e donde se exalam miasmas insuportáveis ao olfato e péssimos para a saúde: a porquidade natalícia dos pretos explica um costume tão detestável. As crianças habituam-se desde a infância àquele incômodo e por isso julgam que não é possível mudar esse estado de coisas, quando aliás o remédio é facílimo; e como geralmente atravessam os charcos a cavalo, não imagi-

88

CAPÍTULO 4

nam o dano que daí resulta aos seus animais, fâmulos e escravos, os quais, por assim dizer, amassam continuamente lodo, pois dentro dos engenhos e nos seus arredores a grande quantidade de carros e de animais necessários ao trabalho de tal forma remexem o terreno e o dissolvem com as águas que se encharcam, que temos visto magníficos engenhos levantarem-se como ilhas de paredões e de edifícios no centro de lagoas de lama, que penetrava igualmente no interior e cobria o chão com uma camada de mais de palmo. O bom administrador deve antes de tudo dar remédio a este mal, mandando levantar o nível do engenho e dos arredores, cercá-lo por uma vala profunda, dar esgoto a todas as águas por outras valas e por covas que receberão todas as imundícias. O cascalho e areia dos rios servirá para consolidar o terreno, e todas as semanas se deverão dedicar algumas horas aos reparos dos estragos que se tiverem sofrido, e a dar nova firmeza aos terreiros e pavimentos. O tempo que se gastar nestes arranjos será mil vezes recompensado pela facilidade dos trabalhos, conservação dos edifícios e utensílios, e boa saúde dos pretos e mesmo da família.

Tendo feito da economia e regularidade as bases fundamentais de toda a operação de agricultura, achamos escusado entrar em amiudados pormenores, ficando subentendido que cada produto deve ter o seu armazém competente, e ser beneficiado até que se consuma, ou se venda; que os produtos de consumo e os de negócio devem estar separados, as sementes ter seu quarto particular, a ferramenta e máquinas agrícolas seu lugar certo &c. &c. Sócrates dizia que boa ordem e simetria faziam a beleza de tudo quanto existe, e que, até as panelas da cozinha, estando perfiladas na progressão dos tamanhos e resplandecentes de limpeza regozijavam a vista.

Capítulo 5

Inovações.

Tomadas todas as providências que exigem a disciplina da escravatura, o arranjo da casa e dependências, tratará o agricultor de promover e melhorar a cultura. Já notamos quanto os métodos são imperfeitos e os instrumentos insuficientes e grosseiros; porém, assim nisso como no mais, o diretor deve marchar passo a passo, com suma atenção, e não querer melhorar e inovar senão a partir do maior grau de perfeição do método em uso, e depois de ter estudado a fundo a inovação que quiser fazer, e reunido todos os meios para a pôr em perfeita e completa prática. Desta forma, não haverá perigo que se arruíne ou incomode, se viesse a falhar, não se esquecendo de se fortificar na sua opinião por pequenos ensaios, antes de executar em grande. Se seguir esta marcha, nunca poderá ser acusado de inovador e imprudente, e não só abrirá para si novos caminhos à fortuna, senão que servirá de exemplo aos seus vizinhos e patrícios, e prestará à sua pátria serviços não pequenos.

Logo que o agricultor dirigir a sua atenção para o melhoramento das plantações e roçados, deve ocupar-se dos meios de comunicar facilmente com esses trabalhos, para que a ida, volta e transportes não gastem tempo e forças acima do absolutamente preciso. O sistema das artérias e veias não é mais necessário à conservação da boa disposição do corpo do que um bom sistema de estradas, caminhos e outros meios de comunicação aos estados e às propriedades agrícolas, que são outros tantos estados em miniatura. No Brasil, esta parte da economia política e agricultural tem sido tão lamentavelmente negligenciada que todas as suas vantagens naturais se acham, por assim dizer, paralisadas. Devemos esperar que as câmaras e o governo tomarão finalmente em consideração as urgentes medidas que a falta de estradas requer imperiosamente. Entretanto, cada proprietário deve, no seu reino, abrir os caminhos que forem precisos para tornar acessíveis todos os lugares onde houverem roçados ou qualquer outro serviço.

A arte de fazer estradas como que é desconhecida no Brasil. Os mesmos engenheiros parecem totalmente alheios, ao menos à parte prática destas obras. E contudo, não há arte mais simples, e cuja teoria se reduza a menor número de preceitos; destes, para instrução dos agricultores, daremos a parte que lhes é necessário saber.

Toda a fazenda de bastante extensão deve ter uma estrada principal que a divida em duas partes aproximadamente iguais; de um e outro lado partirão caminhos laterais que conduzam aos roçados; e se a configuração do terreno o permitir, deverá pelo decurso do tempo abrir-se outro caminho que circule toda a fazenda.

A estrada central não deverá ter menos de vinte palmos de largura[1] para que dois carros se possam cruzar; mais seria inútil e exigiria trabalho supérfluo.

Aonde o terreno for firme e seco, bastará cavar de ambos os lados um simples rego, cujo entulho se deitará no centro do caminho, e se socará com massas para formar talude: à proporção que o chão se tornar mais úmido e de natureza barrenta, os regos devem ser mais fundos e o caminho levantar-se mais acima do nível, e então é necessário trazer cascalho, areia e pedras para formar o talude que carece ser mais saliente e espesso em razão da maior umidade do solo. Quando o caminho entrar nos outeiros e morros, deve-os contornear de forma que o ângulo que fizer o seu plano com o horizontal não passe de dez ou doze graus e a subida de menos de palmo por braça,[2] dar-se-á esgoto conveniente às águas, por meio de um rego interior, encostado ao monte, que de seis em seis braças deságüe para a ladeira.

Quando o caminho chegar a um grotão que tiver água corrente, será preciso observar o efeito das águas durante as trovoadas, para calçar ou endurecer toda a porção que elas cobrirem nestas ocasiões, e pôr obstáculos à sua impetuosidade.

O caminho deve subir uniformemente na fralda dos montes, sendo preferível, quando se encontrar algum obstáculo, rompê-lo com alavancas, e mesmo com minas, a descer, para subir outra vez, até chegar à altura que se quer; deste ponto, se for preciso passar avante para descer, observa-se a mesma regra, porque nada há de pior do que as ondulações que não são indispensáveis pela interrupção dos morros.

A largura do caminho deve ser igual, assim nos bons como nos maus lugares; nada de mais ridículo do que as estradas do Brasil, magníficas aonde o terreno, firme *de per se*, não exigia obra; estreitas, pantanosas, íngremes nos lugares dificultosos: uma boa estrada deve-se parecer com uma fita de igual largura, lisura e secura, seja qual for o chão sobre que se desenvolve.

Capítulo 5

As pontes, quando o rio for largo, devem ser feitas por arquitetos ou mestres, observando que a primeira exigência é que não haja no meio um talude tão agudo que quase tolha a passagem dos carros, como, por vergonha dos engenheiros, acontece na estrada da quinta imperial para a cidade.[3] O terrapleno das pontes deve ser de nível, e se as enchentes dos rios obrigam a que sejam levantadas, prolonga-se de uma banda e outra uma rampa mui suave.

Sobre ribanceiras e corgos, todos os roceiros sabem fazer pontes com troncos atravessados cobertos de ramos, terra e areia.

Nas fraldas dos montes, o caminho não se deve formar de um jato. Principia-se por uma picada, faz-se depois o trilho, à terceira vez o declive se retifica e uniformiza, e dá-se ao trilho metade da largura que o caminho deve ter; as quartas e quintas mãos completam a obra.

Tudo quanto acabamos de dizer da fatura dos caminhos principais é igualmente aplicável aos laterais e seus ramos, que bastarão ter dez ou doze palmos de largura. As últimas ramificações por onde caminham somente os trabalhadores e bestas bastam que tenham quatro ou cinco palmos; mas as outras regras são todas aplicáveis, mormente às do declive, que nunca deverá passar de palmo e meio por braça.

O caminho principal deve ser feito com rapidez e por uma quantidade conveniente de braços. Os laterais com mais vagar e à proporção que o aumento das culturas o exigir. Dois ou três homens inteligentes, destinados a este serviço e bem ensinados, é quanto basta para estabelecer sucessivamente os novos, consertar e conservar os existentes. Ninguém forma idéia da extensão de caminho que três trabalhadores ativos podem fazer em um ano.

Quando o sistema das comunicações for completo, e todos os lugares da fazenda forem acessíveis, deverá o dono aplicar os seus trabalhadores na abertura ou conservação da estrada que comunicar com o mercado ou porto de embarque.

Em vez de estradas, ou com concorrência com elas, se a fazenda for contígua ao mar, a algum rio navegável ou lago, deverá o fazendeiro mandar abrir canais e valas dispostos por um método análogo, com um canal principal, ramos e ramificações laterais. Como no Brasil a construção de canais é arte que ainda está na infância, o fazendeiro que carecer deles ver-se-á na necessidade de consultar um engenheiro para os nivelamentos e desenhos; por isso não nos estenderemos mais sobre esse assunto.

Logo que os caminhos estiverem prontos, deve o fazendeiro reformar os carros de eixo movediço, bons só para

Capítulo 5

vencer os atoleiros das terras alagadiças e pântanos, e as passagens ou, para melhor dizer, precipícios dos morros, que no Brasil servem de comunicação. Em tais caminhos qualquer outro carro não aturaria. Mas como uma só junta de bois, em carro leve, de eixo fixo e rodas movediças, pode transportar uma porção de produtos igual à que transportam duas ou três juntas em um destes carros pesadíssimos, a imensa vantagem que resulta de semelhante substituição salta à vista de todos.

É esta também a ocasião de adotar as carroças leves puxadas por uma só besta para ir buscar os produtos que se aprontam nos morros. As cargas descem, e para subir o carro acha-se quase sempre vazio, comodidade esta que se aplica aos carrinhos de mão, cujo uso quase desconhecido no Brasil é tão econômico e favorável. Um preto com um carrinho de mão bem-feito conduzirá sem custo o dobro do peso que poderia carregar à cabeça com grande fadiga.

As pás, tanto de cavar como de desentulhar, são instrumentos de utilidade não pequena e é preciso adicioná-las à ferramenta usual, a qual nem é muito fina nem abrevia o trabalho, mas, por durável e forte, merece com razão a preferência dos lavradores brasileiros, que a não podem renovar, nem mesmo mandar consertar com facilidade. Os senhores de engenho e de grandes fazendas, que devem ter sempre carpinteiros e ferreiros em casa, não se podem justificar com as mesmas razões, e têm a obrigação de procurar a ferramenta mais perfeita, e damos-lhes com especialidade o conselho de substituir os atuais machados portugueses por outros de folha maior e corte mais fino, usados na América do Norte, e com os quais se abrevia muito o serviço.

Porém, todas estas inovações são de pouca monta em comparação da inovação de interesse verdadeiramente fundamental: queremos dizer a adoção do arado.

O arado é a base da civilização e a máquina mais útil e admirável pela sua simplicidade e grandes resultados que dá, pois que trabalha pelo menos como seis enxadas e com mais perfeição e regularidade. O não estar o arado ainda em uso nas colônias européias seria por certo motivo de espanto, atenta a imensidade dos terrenos e grande falta de braços que há, quando na Europa, aonde comparativamente as terras são poucas e a população imensa, o uso do arado é universal, se não se refletisse que a ignorância, a rotina e o desleixo podem mais do que o bom senso. Além do quê, não podendo os primeiros descobridores arar os seus primeiros roçados, tanto por falta de animais, como por estarem entre matas, empregaram a enxada que lhes servia

CAPÍTULO 5

também para a mineração, objeto aliás muito mais interessante para a sua ambição; e o uso, uma vez estabelecido, perpetuou-se até os nossos dias, e as freqüentes derrubadas, incapacidade e barateza dos pretos contribuíram para que não se sentisse falta do arado.

Entretanto, alguns ensaios se fizeram de quando em quando para a sua introdução, e consta que, na maior parte, deram resultados satisfatórios; mas estes não estimularam a massa dos agricultores, e mais serviram para curiosidade do que para interesse; e todavia, a mais proveitosa operação para sustentar a nossa agricultura decadente, a única que pode fazer frente à carestia dos pretos, e para o futuro subministrar ao Brasil a faculdade de se livrar da praga da escravidão, é, sem dúvida, a geral adoção do arado, e o governo deveria por todos os meios ao seu alcance apregoar e propagar esta inovação.

Nós a aconselhamos a todo o proprietário que tiver posses suficientes; porém tornamos a recomendar a maior sisudeza e precaução no seu modo de proceder, quando todas as suas plantações e colheitas pelo modo antigo estiverem seguras, quando tiver economizado e posto de parte a quantia que esse ensaio exige, então será tempo de pôr mãos à obra. Como primeiro passo, deve-se mandar vir da Europa, por um correspondente inteligente e probo, dois lavradores, não tirados cegamente das cidades, mas sim escolhidos nas aldeias com grande atenção, tanto à habilidade na sua arte, como à sua moral. Todas as condições do tratamento, anos de serviço, ordenados, prêmios, obrigações, números de discípulos que houverem de formar, deverão ser estipulados em um contrato autêntico. Será bom tratá-los com generosidade, para que não haja descontentamento nem descuido; e, se for possível mandar vir famílias inteiras, melhor será.

Talvez fosse fácil achar entre os colonos, e imensidade de europeus que têm vindo, os lavradores que se desejam; desta forma poupar-se-ia bastante dinheiro e tempo.

A respeito da qualidade do arado que se deve adotar, julgamos que o mais simples é o melhor para principiar, tanto porque não precisa de tanta habilidade da parte dos pretos, gente preguiçosa e desleixada por excelência, como porque a sua construção e reparo devem ser elementares para se executarem em casa. Aliás seria bom que os lavradores trouxessem aqueles a que estivessem acostumados na sua pátria.

Daremos igualmente o conselho de aplicar no princípio o arado às terras leves, e de base de húmus ou areia, as-

CAPÍTULO 5

sim como às que já se acharem limpas de troncos e paus.
Os antigos canaviais, deixados já para pastos, os vales, os
declives de muita suavidade, são os terrenos mais apropriados para os primeiros trabalhos do arado. Como a teoria de
nada serve ao agricultor sem a prática e o exemplo, não en-
traremos em detalhe algum sobre a construção e comparação de arados, que merecem tanta atenção e ocupam tanto
espaço nos tratados dos agrônomos europeus. Diremos somente que haverá precisão, quando se reconhecer a superioridade do arado e se resolver a sua adoção, de três qualidades de arados. Os de rotear, ou *extirpadores*; os de arar,
ou *arados*; e os de limpar, ou *cultivadores*.* O modo por que
as derrubadas e queimadas se fazem não permite, durante

---

* Todos os arados, relativamente à diferença dos princípios de sua
construção, podem-se reduzir a duas espécies. A primeira compreende os
simples, assim nomeados por haver menos complicação no seu feitio, motivo por que são instrumentos de lavoura assaz leves e maneiros. A segunda espécie abrange as charruas com dianteira, a saber: aqueles cuja velha é
precedida de duas rodas em cima, de cujo eixo descansa a lança da trasei-
ra. Portanto, um arado simples se tornará complicado sempre que se lhe
acrescentar uma dianteira; assim como um arado complicado ficará simples no momento que lhe tirarem essa mesma dianteira. (Rozier, *Cours
d'agriculture*, 1º tomo, p. 71, ed. 1785.)[4]

alguns anos, o meter o arado nos roçados, podendo-se deduzir dessa circunstância que o método é defeituoso. Os americanos do norte não derrubam as árvores, sim as escarceiam em rodas de dois ou três palmos de casco. No ano seguinte secam, e nos intervalos trabalham os lavradores com um arado privativo deste serviço. Nos anos subseqüentes a madeira boa aproveita-se, a podre queima-se, tiram-se os tocos e o arado nunca cessa de trabalhar. Mas não chegamos ainda a ponto de imitar os americanos do norte. Estes grandes mestres em civilização e indústria têm feito mais progressos do que os mesmos europeus. Nós cá no Brasil, saídos apenas da infância colonial, devemo-nos cingir por agora à humilde marcha que indiquei, e avançar só passo a passo na carreira do aperfeiçoamento. Deixemos ao lavrador americano modificar os métodos e os instrumentos em uso, inventar outros, e aperfeiçoar a teoria e a prática da arte! Nós teremos feito muito quando tivermos substituído à nossa cega rotina uma prática razoável, se bem que singela.

O proprietário que, adotando o arado, seguir os preceitos que damos, obterá, sem dúvida, um resultado favorável, e talvez superior às suas maiores esperanças. E com efeito, haverá melhoramento superior àquele que dá o poder de dobrar a extensão das plantações ao mesmo tempo que

Capítulo 5

o número das enxadas diminui a prol dos outros serviços? Ah! ousamos profetizar que com a geral adoção do arado, máquina de utilidade tão transcendente que os antigos fizeram um deus do seu inventor, a nossa agricultura sairia do estado de prostração em que jaz, e subiria rapidamente a um auge de prosperidade e abastança, da qual hoje nem idéia podemos ter.

Não fecharemos este capítulo sem fazer observar ao proprietário o muito que a economia de braços, no preparar das terras, lhe facilitará todas as outras operações do serviço, e lhe permitirá consagrar parte do seu tempo aos arranjos de gosto e comodidade, tais como grandes pomares de toda a qualidade de fruta, uma horta bem vasta, manancial de fartura e delícias inocentes, e por isso consagraremos algumas páginas à horticultura, bem como às árvores frutíferas que existem, ou podem ser introduzidas no Império. Outra regra necessária para a conservação das terras e boa aparência das fazendas é poupar o mato no cume dos outeiros e montes, nas fraldas íngremes, e nos paredões dos barrancos. As matas não só embelezam o chão, e dão madeira, frutas e sombra, senão que são também a origem do húmus ou terra vegetal, produzem e conservam as nascentes e fontes, rompem a violência dos furacões e entretêm a salubridade da atmosfera. Nos declives, as chuvas e trovoadas tendem a lavar a terra, e a carregar a porção mais fecunda e fina. Portanto, a coroa de matos, suprindo com nova porção de húmus, ao mesmo tempo que abriga dos meteoros as zonas inferiores em estado de cultura e lhes conserva a umidade, é de primeira utilidade.

A arte de irrigar os terrenos, quase desusada no Brasil, viria dar novo auxílio à cultura, e com facilidade se poria em prática, porque quase todos os gêneros que se fabricam carecem de máquinas movidas por água, e obrigam a construir presas e canais. Um lavrador ativo e zeloso deve prestar muita atenção a um meio tão fácil de segurar as colheitas apesar das secas, e de aumentar em todo tempo os seus produtos.

Tais são os preceitos gerais que, julgamos, seria útil oferecer ao agricultor sobre as inovações a introduzir na sua prática. Outros, peculiares a cada gênero de cultura, serão apontados, à proporção que as passarmos em revista.

Capítulo 6

Engenhos de açúcar.

Pelo que precede, podemos concluir que o chefe de um estabelecimento de agricultura no Brasil carecia ser homem quase universal. Legislador e magistrado com a escravatura, arquiteto para edificar as casas, engenheiro e maquinista para os diferentes serviços que pertencem às mesmas artes, naturalista para conhecer os vegetais, deve a tantas partes unir ainda luzes da arte médica, veterinária e outras muitas; e decerto não houve exageração em dizer-se que quem desempenhasse com igual habilidade todas as várias obrigações da sua profissão seria digno de que o monarca lançasse mão dele e lhe confiasse um ministério; porém, se esta conclusão pode ser alguma vez justa, é mormente quando se aplica ao diretor de um engenho de açúcar. Não pode haver no mundo estabelecimento rural que exija igual reunião de fundos e artes diferentes para se pôr em andamento; ou, para melhor dizer, um engenho de açúcar é a reunião de um estabelecimento de cultura não pequeno, e de um estabelecimento fabril mui vasto e complicado; e tanto que cessando o tráfico da escravatura, ou mesmo havendo nele embaraço, de modo que os preços se conservem altos, haveria separação da cultura e da moagem, e o sistema dos lavradores será o único meio de não perdermos este ramo tão importante e rico da nossa indústria.

Hoje acham-se dois homens no administrador de um engenho; o lavrador que fornece as canas à máquina, e o fabricante de açúcar que tira delas o produto conhecido pelo nome de açúcar (*Saccharum*).

A cana-de-açúcar, ou *canamella officinal* (*Saccharum officinarum, Linneus*) da família das gramíneas, é de todos os vegetais da mesma família, depois do arroz e do trigo, o mais interessante e mais útil. Cultivam-no por isso nos quatro continentes, e não há que mais enriqueça os seus cultivadores.

O modo atual de a tratar no Brasil é vulgar e não carece de explanações; qualquer feitor ou preto roceiro tem conhecimento suficiente desta plantação para dar as competentes informações; porém, se nossa agricultura carece de urgentes melhoramentos; se estes melhoramentos devem

Capítulo 6

trazer incalculáveis vantagens, e se existe possibilidade de os adotar desde já, é com especialidade nos engenhos aonde todos os meios estão à mão e de sobejo. Braços, oficiais, gado vacum e cavalar, terrenos desembaraçados acham-se já à disposição dos fazendeiros, e só requerendo arados para triplicar os rendimentos. Os conselhos que temos dado nos capítulos antecedentes, se bem que proveitosos para todos, são peculiarmente úteis aos senhores de engenho, que terão de ver desmerecer todos os anos as suas fábricas, se não tratarem quanto antes de melhorar o método que seguem, particularmente o de cultura, por haver de um lado mais facilidade, e de outro maior urgência, pois que a parte fabril dos engenhos não é tão defeituosa como a parte agrícola, por terem já feito os fazendeiros grandes inovações naquela parte, como sejam a adoção dos ternos de cobre, os fogões de corrente de ar, &c. Tudo quanto temos dito da necessidade de cultivar os mantimentos, de estabelecer uma disciplina perfeita entre os escravos, de tornar acessíveis as partes mais remotas da fazenda, de adotar as carretas e carroças em lugar de carros, &c., é de rigorosa obrigação para o senhor de engenho. Os outros lavradores poderão, por pobres ou faltos de certos acessórios indispensáveis, negligenciar alguns dos nossos preceitos, mas aquele não tem desculpa alguma.

Entretanto, a respeito dos mantimentos poderá acontecer, ou que as terras do engenho sejam tão escassas que as não hajam devolutas para a cultura do pão, ou que a escravatura seja pouca, e não lhe sobeje tempo para esse serviço.

A excelência das terras, no primeiro caso, dá naturalmente bastantes lucros para poder sustentar continuamente os pretos, mas o estabelecimento mais se parece com uma manufatura do que com uma lavoura. No segundo, a adoção do arado será ainda de maior urgência, e reparará esta falta que interessa figadalmente a prosperidade.

Logo que o arado trabalhar, deverão pôr-se em prática os princípios de cultura mais favoráveis à vegetação das canas; todas as plantas precisam de ar, cuja circulação e renovação promove a vegetação tanto ou mais do que os mesmos sucos do solo, e portanto será bom abandonar o sistema dos tabuleiros quadrados, e repartir o roçado em retângulos, ou tabuleiros estreitos e compridos, que dêem somente lugar para cinco fileiras de canas, plantadas a cordel, com distância de dois ou três pés de uma fileira à outra, e de outra igual distância de estaca a estaca, que deverão colocar-se em forma de xadrez. A maior ou menor distância será

Capítulo 6

determinada pela natureza dos terrenos, maior nas terras fortes e abundantes em sucos, menor nas terras areentas e fracas. Os retângulos serão portanto de oito a doze pés de largura, sobre um comprimento arbitrário; plantar-se-á um de dois de canas, e os devolutos nos intervalos serão destinados à plantação do milho, feijão, arroz, &c. e até mesmo da mandioca, observando que, como este vegetal percorre um período igual ao da cana, para amadurecer, deverá meter-se na terra quando a cana dos tabuleiros vizinhos estiver na metade da sua altura, isto é, no sexto ou sétimo mês. Desta forma, a mandioca alcançará a segunda colheita da cana ainda nova enquanto precisa de frescura; e quando esta estiver na metade da sua altura, e necessitar de ar ambiente, vai a mandioca para a roda.

Bem entendido que o método de semear feijão, milho, &c., nos canaviais, enquanto novos, não se deve desprezar; portanto, a primeira limpa se fará à enxada, e a segunda ao cultivador.

É evidente que cansados os tabuleiros de canas, hão de servir para os devolutos a plantação, e que aqueles descansarão, ou receberão por seu turno, depois de arados, feijão, milho, arroz, abóbora, &c., podendo-se desta forma alternar eternamente a cultura no mesmo terreno, mormente se for de massapé, se as lavras forem amiudadas, e se se lançar mão do socorro dos adubos e irrigações. Neste caso, nunca haverá necessidade de mudar de roçados, porque a cana não exige solo superabundante em sucos, e novamente despido de matas; verdade é que em tais terras cresce a cana com rapidez e viço, e chega a uma altura que espanta; mas na moagem dá uma calda aquosa, difícil de se purificar e cozer, e que contém pouca matéria cristalizável.

As melhores terras para a cana são, como já dissemos, as de massapé de cor escura, untuosas e porosas, sem mistura de pedregulho, areia ou barro, e que foram levadas pelas aluviões para as vargens próximas aos rios e montes; algumas vezes, a oportunidade das chuvas e boa exposição compensam a mediocridade dos terrenos destinados à cultura deste preciosíssimo vegetal.

A cana veio originariamente da Índia. Os chinas a cultivam desde tempo imemorial. Os povos da nossa Antiguidade, como persas, hebreus, romanos, &c. não a conheceram. No fim do século décimo terceiro foi transportada para a Arábia feliz,[1] e cem anos depois para a Síria, Chipre e Sicília. O infante d. Henrique, tendo descoberto a ilha da Madeira, mandou para ali canas da Sicília, e de lá propagaram-se por todas as regiões e colônias da América; as canas

sicilianas eram as que hoje chamam crioulas, para as distin-
guir das canas de Taiti, que de Caiena, na época da conquista,[2] foram introduzidas no Brasil, e que hoje, por serem de proporções dobradas, suplantam por toda a parte
aquelas, apesar da resistência que fizeram. Ouvimos mais
de uma vez as renhidas discussões que na Bahia os senhores de engenho de maior experiência e posses tinham entre
si sobre o merecimento das duas espécies; e pareceu-nos que
os mais aferrados partidistas da crioula não podiam negar
que, se bem que o açúcar de Caiena fosse inferior em qualidade e cristalização ao da outra, não podia haver comparação
no que diz respeito à quantidade e, por conseqüência, lucro. Semelhante defesa vale, decerto, uma proscrição, e com
efeito é raro achar agora grandes tabuleiros de cana-criou-
la; alguns pés conservam-se por curiosidade, ou para se comer a cana por ser mais saborosa.

Como nos capítulos anteriores, e nos que hão de seguir,
se achará tudo quanto diz respeito aos acessórios da cultura
da cana, acaba aqui o que temos a dizer sobre a parte agricultural dos engenhos de açúcar, e pouco diremos também
acerca da parte manufatural. Pequenos detalhes seriam insuficientes, e, para abranger todos os desenvolvimentos da
matéria, seria de mister um tratado mais extenso do que es-

te manual. As dependências da fabricação são imensas: ao maquinismo propriamente chamado engenho, e a todos os outros aparelhos necessários à moagem e fabricação do açúcar, os quais ocupam imensas casarias, devemos acrescentar as oficinas de destilação, carpintaria, ferraria, olaria e serraria. De todos estes ofícios o administrador deve ter ao menos uma idéia, para poder seguir a olho os trabalhos que nas oficinas se fizerem, e julgar o talento dos mestres de que dependem os bons resultados de tão complicado serviço.

O principal destes mestres, aquele cujo merecimento influi mais na perfeição dos produtos, é, sem contradição, o mestre-de-açúcar. É preciso que este reúna grande experiência e prática, uma certa faculdade para observar o ponto, que não pertence tanto à reflexão e observação, como à mesma organização, natural ou modificada pelo longo hábito. Tais mestres são raros, e não há ordenado que seja grande quando se podem encontrar: de ordinário faltam-lhes muitas das qualidades precisas; então guiam-se por uma rotina e tradições imperfeitas, e daí nasce em grande parte a diferença imensa dos açúcares que aparecem no mercado, se bem que as qualidades dos terrenos, temperatura do ano e circunstâncias acidentais exercem influência não pequena; porém, o bom mestre sabe conhecer, aproveitar ou corrigir as influências do clima, terreno e cultura pela proporção de cal, grau de calor e outras operações da sua arte, a qual depende das ciências mais do que se pensa, e especialmente da química, de que é um ramo mui importante.

Um engenho de moer açúcar pode ser movido por animais, vento, vapor ou água.

O serviço dos animais é mais demorado e custoso do que qualquer outro; mas em lugares secos e longínquos, e na proximidade dos sertões aonde toda a casta de gado é barato, talvez seja o preferível.

O vento não se pode aproveitar como motor de um engenho senão em certas localidades regularmente visitadas por virações.

O vapor é de todos os motores o mais possante, porém as máquinas são sujeitas a reparações de que só um hábil oficial pode dar conta, além do que gastam muito combustível, e se não há muito cuidado com elas, são sujeitas a explosões desastrosas; portanto, não daremos de conselho que as adotem senão aqueles proprietários que, possuindo grandes fundos, e fábricas que, pela sua extensão, exigem os agentes mais poderosos, estão em circunstâncias de nada pouparem para o perfeito andamento dos seus estabelecimentos.

A água no atual estado das artes no Brasil é o motor que

nos parece reunir todos os quesitos necessários à economia e comodidade; e os engenhos que, por sua posição, não têm um rio ou corgo para mover as moendas estão em muito pior condição do que aqueles que possuem este bem sem igual; e o primeiro cuidado do homem que quer levantar ou comprar um engenho deve ser o de examinar se há possibilidade de o mover por água.

Um conselho que merece não menor atenção é o de substituir os cilindros a prumo ou verticais, que são os geralmente usados, pelos cilindros deitados ou horizontais. Vimos já no Brasil alguns desta última sorte e achamo-los tão superiores pela simplicidade, força e segurança do seu serviço, que não é possível imaginar comparação alguma com os ordinários; devendo acrescentar-se que exigem mecanismo muito menos complicado, pois que o cilindro central se adapta ao eixo da mesma roda-d'água.

Não omitiremos de recomendar aos senhores de engenho o emprego do carvão animal para purgar os açúcares e tirar às cachaças o cheiro empireumático, no caso de serem aplicadas à destilação. Nada há mais fácil e menos custoso do que a confeição do dito carvão. Por toda a parte se encontram ossos; e havendo um cilindro ou caixa de ferro que feche exatamente, enche-se de ossos quebrados em pilões,

CAPÍTULO 6

e põe-se dentro do mesmo fogão a calcinar: desta sorte fabrica-se toda a porção que for necessária.

O artigo das cachaças merece particular consideração. Dando-se a seu fabrico toda a devida atenção, seu rendimento talvez seja suficiente para fazer frente às despesas do engenho, ficando como ganho líquido toda a importância do açúcar.

O método geralmente seguido de destilar as cachaças é mui defeituoso, e a mor parte dos alambiques de um feitio que tem tanto de antigo como de incômodo. Todavia, não aconselharemos que se adotem os alambiques da última invenção de Derosne de destilação contínua,[3] senão àqueles que podem reunir todos os quesitos necessários para a sua marcha e reparo. Estamos no caso das máquinas de vapor. Os oficiais capazes de reparar qualquer desarranjo em um maquinismo complicado são tão raros, que, a não se poder obter um hábil que efetivamente dirija essas máquinas, seria temeridade estabelecê-las. Um alambique de modelo ordinário, mas bem-feito, com a cucúrbita larga, o colo comprido e o refrigerante com bastantes voltas para que o espírito corra frio, dará resultados satisfatórios, bem entendido havendo o cuidado de destilar com fogo brando, e não apurar demais as águas fracas. Mas isto depende do mestre alambiqueiro, empregado indispensável em um engenho, e de cuja escolha depende essencialmente o bom ou mau resultado.

Estas observações a respeito da destilação das cachaças aplicam-se igualmente às aguardentes de cana, muito mais finas e de preço mais subido no mercado. Este emprego da cana convém maravilhosamente a quem tem posses medíocres, porque pode principiar com uma engenhoca e dez pretos, e não existe gênero algum de cultura capaz de oferecer lucros tão avultados; porém tendo saído já da alçada da agricultura para entrar na da fabricação, não nos devemos estender mais sobre uma especulação que, como acontece com todas as outras especulações, ninguém pode empreender com vantagem se não reunir todos os meios, obras e luzes que a ela pertencem.

Repetimos que não temos a ambição de pôr uma pessoa em estado de levantar e dirigir um engenho sem o socorro dos mestres de todos os ramos de que se compõe tão complicado serviço. Explicar minuciosamente tudo quanto lhe pertence pediria, como já dissemos, um tratado *ad hoc* do dobro deste, e por fim de contas não eximiria o empreendedor da obrigação de procurar os diferentes mestres que devem concorrer tanto para a prontificação, como para a boa marcha do estabelecimento.

Capítulo 6

Por motivos idênticos não nos demoraremos no cálculo dos rendimentos de um engenho. Os lucros dependem de tal forma do talento do administrador, qualidade dos terrenos, habilidade dos mestres e outras circunstâncias concomitantes, que todo o cálculo poderia sair errado. Há engenho que com cem pretos apresentará 9 ou 10 mil pães,[4] quando o vizinho, com duzentos ou trezentos escravos, não fabricará nem metade desta quantia. Geralmente falando, os pretos trabalham menos no Brasil (e seja isto tomado em abono da humanidade da nação) do que em qualquer outro país onde são aplicados como escravos ao serviço da agricultura. Raynal apresenta como resultado ordinário do trabalho de dois pretos, em um engenho favoravelmente situado e bem dirigido, sessenta quintais de açúcar bruto.[5]

[...]

Antes de concluir este capítulo, falaremos da obra do sr. Calmon,[6] que nos parece dever fazer a base indispensável da biblioteca de todo o senhor de engenho. Se houvessem iguais tratados sobre todos os ramos da agricultura brasileira, a nossa tarefa se teria tornado mais suave; e em vez de entrar no detalhe dos misteres de cultura, se limitaria a preceitos gerais, como fizemos a respeito do fabrico do açúcar.

Capítulo 7

Do café.

Se existe uma cultura a que se possa com especialidade aplicar-se a observação que apresentamos no prólogo desta obra, sobre a iminência do mal que a concorrência dos povos estrangeiros nos está fazendo, é decerto a do café, que, pela facilidade da plantação, poucos fundos que pede, latitude que abrange e terrenos em que cresce com brevidade, pode-se tornar geral em toda a porção do globo que os gelos ásperos não açoitam, de forma que hoje a América, Ásia e África se esmeram em plantar café; e decerto a barateza a que há de chegar só permitirá que continuem a fazer deste gênero um ramo de exportação aquelas nações que, pela perfeição da cultura ou do terreno, o derem de qualidade superior, fazendo-lhes conta mesmo um diminuto preço.

Entretanto, esta cultura jamais se poderá abandonar de

todo: o consumo interior e comodidade a conservaram ao menos como acessória; o exemplo de S. Domingos, que de tantas culturas ficou quase reduzido à do café, é neste caso peremptório. Com efeito, a lavoura do café está ao alcance do lavrador que trabalha somente com os seus dois braços, e do capitalista que quer empregar muitos contos de réis na sua fazenda: as operações que esta cultura pede são simples, asseadas e sucessivas; a realização em dinheiro quase certa. Hoje, na praça do Rio de Janeiro o café é gênero que, por assim dizer, corre como metal, e do qual se faz a maior extração. A praça da Bahia exporta igualmente muito café. Todas as províncias, menos as extremas do Sul, possuem iguais meios de produção, e portanto devemos considerá-lo como segundo no interesse e número de braços que ocupa.

O cafezeiro arábico, *Coffea arabica, Linneus* (*Pentandria Monogynia*), família das rubiáceas (gênero *Coffea*), não carece que o descrevamos. Qual será o lavrador brasileiro que o não conheça? Sua história, porém, talvez seja menos conhecida; e portanto dizemos de passagem que é originário da Arábia, outros dizem da Etiópia; as opiniões acham-se igualmente divididas acerca da pessoa que primeiro descobriu o seu uso. Contam alguns que o superior de um convento de frades no monte Sinai, vendo os seus monges dormitar no coro, lembrou-se de lhes dar a infusão desta fruta, por haver observado o excesso de vivacidade que produzia nas cabras que a comiam. Outros atribuem a honra da descoberta aos turcos, e pretendem que um Mollack[1] de nome *Chadely* fora o primeiro entre os árabes que tomou café para se livrar da modorra contínua que lhe não permitia rezar as suas orações noturnas. Os seus dervixes o imitaram e reconheceram que o café alegrava o espírito e aliviava o estômago. O uso foi ganhando terreno e tornou-se geral em todo o islamismo.

Em 1669, Solimão Aga, embaixador turco em Paris, deu este licor a provar, e a nova bebida agradou a um povo apaixonado das novidades. As outras nações, à imitação da francesa, adotaram a infusão da fava arábica, e em breve a Europa teve mais uma precisão, e os negociantes mais um ramo de comércio. As potências marítimas reconheceram logo quanto seria útil naturalizar nas suas colônias a árvore que produzia o café, e os industriosos holandeses foram-na buscar à Arábia, levaram-na à Batávia,[2] e dali a Amsterdam. No princípio do século XVIII, os *Burgmeisters* daquela cidade mandaram um pé de presente a Luís XIV, e deste pé descendem todos os cafezeiros americanos.

Os solos em que o café produz bem são numerosos. Este arbusto dá-se igualmente bem nas vargens de massapé, e nos morros de barro vermelho e não despreza mesmo um solo areento, uma vez que seja fundo e úmido. A condição da umidade, que a sua raiz vai procurar a mais de dois pés abaixo da superfície, é que merece maior consideração, de forma que nos anos chuvosos o café prospera em qualquer terreno; porém, havendo seca, os plantados em terrenos de massapé e areia, &c., tornam-se amarelos e os frutos murcham, enquanto que os pés vizinhos aos corgos ou ribanceiras, ou plantados em morros de barro que as nuvens umedecem, conservam o seu vigor e aspecto viçoso. A preferência, pois, que o vegetal mostra para os declives dos morros férteis, assim como a menor aptidão destes terrenos para outra cultura, tem concorrido para que o forte da lavoura do café se faça em semelhantes sítios. Entretanto vêem-se também magníficos cafezeiros nas vargens; e na Guiana Holandesa,[3] os cafés que dão duas colheitas anuais estão plantados nos mangues e pauis da beira dos rios que os lavradores sabem dessecar e cultivar.

Os árabes no seu clima ardente deitam pedras no fundo das covas destinadas aos pés de café, e dirigem para os cafezeiros as fontes e correntes d'água que acham na vizinhança. Nas vargens queimadas costumam igualmente plantar de mistura algumas árvores que dêem sombras aos cafezeiros. Este uso não é desconhecido entre nós. Em várias partes alternam as linhas de cafezeiros com bananeiras, e estas conservam o chão fresco. Em S. Paulo o mesmo uso tem um fim diametralmente oposto. As bananeiras servem para abrigar o cafezal dos ventos que costumam gelar a porção dos galhos que faz frente à sua fúria. Se não se desse esta circunstância, a colheita do café seria em S. Paulo mais regular e abundante do que em qualquer outra província do Brasil, o que prova de sobejo que o café prefere um clima temperado e uma atmosfera úmida. Os habitantes do Rio de Janeiro têm na proximidade da sua cidade exemplos desta disposição. O melhor café do seu mercado vem da serra da Tijuca[4] a duas léguas de distância, onde o clima é muito diferente do da cidade e se parece com o de S. Paulo. As serras que a rodeiam por outros rumos mandam também muito café; e as maiores fazendas deste gênero estão situadas em serra acima.[5]

O café não dá fruta com alguma abundância senão no quarto ou quinto ano. No sexto chega à sua perfeição, e dura assim no Brasil dez ou doze anos. Dali em diante o produto diminui, mas em outras regiões dizem os autores que esta diminuição só principia a ser sensível quando o pé tem dezesseis ou vinte anos. Talvez que o método de cultura ou a natureza do solo sejam a causa desta diferença. Nossa opinião é que nos declives aonde no Brasil a mor parte do café se cultiva, e dos quais em grande parte o barro é a base, as furiosas chuvas das trovoadas lavam a terra e carregam a porção de húmus que dava ao barro ou ao pedregulho a sua fertilidade, deixando-os como *caput mortuum*.[6]

O café do Brasil é reputado nos mercados da Europa como o último na classificação das sortes que entram no comércio. O da Arábia, chamado de moca, é tido como o mais superior de todos. Sem dúvida a influência do clima contribui muito para estas diferenças, mas o mau método e negligência dos lavradores (repreensão aliás que todas as colônias européias da América igualmente merecem) devem da sua parte influir mais do que geralmente se pensa. Os árabes não colhem o café, sacodem a árvore e os grãos maduros caem em cima de esteiras ou de panos estendidos no chão. A dessecação dos bagos, favorecida por um ar seco, um sol ardente e um céu limpo de nuvens, ainda assim se faz em cima de esteiras; e com um cilindro de madeira ou de pedra, esmagam-se os bagos para extrair-se o caroço. Entre nós a colheita e dessecação são ambas malfeitas. Colhem-se sem cuidado os grãos meio maduros ou mesmo verdes e vão para os terreiros, onde a umidade do chão e repetidas chuvas os deterioram.

Note-se, porém, que falamos do geral. Diversos lavradores nacionais e estrangeiros, que se dedicaram a este ramo de cultura, têm dado maior atenção às suas operações: ainda assim julgamos que falta muito para que a levem ao grau de perfeição de que é suscetível.

O café propaga-se por meio de semente. De ordinário os grãos que caem debaixo dos pés velhos bastam para fornecer a quantidade necessária para as plantações; no entretanto, o uso dos viveiros parecer-nos-ia preferível, e mais próprio para dar plantas de maior vigor.

O café costuma plantar-se em fileiras perpendiculares à base da montanha, em distância de uma braça de pé a pé e de fileira a fileira, e por conseqüência cada pé ocupa uma braça quadrada de terreno. O método de dispor as fileiras de forma que os pés se achem em xadrez não se deve desprezar, assim como o conservar o alinhamento perfeito, porque essa ordem não só é agradável à vista, senão que favorece também a colheita. O preto vai seguindo as fileiras sem jamais se enganar. Os cafezeiros são exclusivos, não admitem outra cultura em sua vizinhança, e é de rigor que haja uma assídua limpeza. Contudo, não há inconveniente, en-

CAPÍTULO 7

quanto são novos, em cultivar nos intervalos os vegetais comestíveis, como milho, feijão, abóboras, &c.; porém, passados os dois primeiros anos, já não há lugar para continuar aquela plantação. Na mesma época, como já dissemos, principiam as chuvas a lavar o chão, mormente nos declives. Para obviar este mal, alguns lavradores deixam na terra as plantas que se têm capinado, ou reúnem-nas ao pé dos indivíduos próximos. Assim mesmo a lavagem, se bem que algum tanto retardada, continua. Temos experimentado com bom resultado o método de limpar à enxada somente um círculo de terreno de dois pés de diâmetro ao redor de cada cafezeiro, e de roçar o resto da plantação à foice duas vezes por ano. Desta forma, as raízes do capim e outro mato conservavam melhor o terreno, sem tirar o ar ambiente e os sucos aos pés de café. Todavia, estas experiências não foram tão repetidas, nem em porção de terreno tão extenso que possam fazer lei.

A utilidade de conservar as matas nos cumes dos outeiros e montes torna-se patente, em tempos de seca, nos cafezais que, por casualidade, ficaram com uma carapuça de mato. As extremidades das linhas que tocam no mato apresentam seis ou sete pés mais frondosos ou viçosos que os

125

outros. A vizinhança do arvoredo não só demora a umidade no chão, senão que repara também a perda vegetal.

Vimos em alguns cafezeiros as fileiras formadas de pés plantados juntos, de forma que o cafezal apresentava o aspecto de paredões de verdura paralelos em distância de uma braça. Disseram-nos que os holandeses nas suas colônias asiáticas dispõem as mesmas fileiras ou paredões horizontalmente ao redor dos outeiros e morros, de sorte que a flor da terra, que tende a descer com as águas quando o solo está lavrado e fofo, vai pegar-se à primeira cerca que encontra, ganhando assim as imediatas na descida o que perdem as de cima. Este método merece que alguns lavradores industriosos o experimentem.[7]

Na Arábia, os cafezeiros não se podam, e em geral chegam a uma altura de quinze pés; mas, nas colônias americanas, podam-se e não se deixam exceder de seis pés de altura. Ambos os métodos estão admitidos no Brasil; contudo, julgamos que o uso de podar é mais apropriado ao clima, pois que sendo o terreno mais forte e abundante em sucos do que na Arábia, as chuvas muito mais freqüentes, e o ar menos seco, tudo tende a aumentar o volume e espessura da folhagem à custa da fruta. Os cafezeiros que vimos abandonados à natureza, no que diz respeito ao crescimento do arbusto, pareceram-nos de pouco ou nenhum rendimento. É igualmente essencial tirar todos os galhos secos ou quebrados.

Os pés velhos musgosos ou lânguidos devem-se cortar rente com o chão, e na mesma ocasião cavar-se bem o terreno ao redor e renovar-se o húmus. Um cesto ou dois de esterco, ou de terra das covas de carvão, dará excelentes resultados. Os galhos novos brotam com força, chegam a estado de perfeição antes do quarto ano, e duram quase tanto como os pés de plantação nova.

A situação montuosa da mor parte das fazendas de café não admite o arado. Mas, naquelas aonde a sua introdução for possível, não precisamos repetir aos proprietários os conselhos que já demos, bem como os que dizem respeito à cultura dos gêneros de consumo, artigo tanto mais importante que, sendo preciso esperar ao menos cinco anos para tirar o lucro de uma fazenda de café, a compra dos gêneros seria ruinosa durante tão longo espaço; e podemos considerar esta circunstância como a causa mais preponderante da pouca fortuna que os lavradores de café têm feito nas proximidades do Rio de Janeiro, ao passo que os da serra acima estão bem longe de se queixar, apesar da maior despesa que fazem com o seu transporte.

Os países que têm duas estações secas e duas chuvosas têm igualmente duas colheitas de café. No Brasil a colheita é anual e dura quase seis meses, sem serem as épocas mui regulares, havendo avanço e dilatação de um ou dois meses, conforme a meteorologia do ano. Contudo, têm havido ocasiões de três colheitas em dois anos.

A colheita faz-se à mão. As mulheres e crianças, mormente nos cafés de seis pés de altura, são muito aptas para este serviço. Deve-se reparar em que os grãos estejam perfeitamente vermelhos, e mesmo roxos, pois que a falta de observância desta regra é muito nociva à qualidade do gênero.

O costume de secar o café em terreiros, além de dar muito trabalho, é, como já observamos, nocivo à qualidade do grão por causa das grandes variações da atmosfera, mormente se se deixa secar a polpa vermelha em cima do caroço. Verdade é que alguns lavradores costumam descascar o café à mão, mas esta operação é demorada e não se pode aplicar a uma colheita importante. O mesmo diremos do sistema de socar à mão. Em qualquer fazenda de alguma importância, consideramos indispensável uma máquina para descascar e outra para socar, ùm ventilador com grades de arame para limpar o café socado e classificar as sortes, e finalmente uma estufa para secar o café descascado.

CAPÍTULO 7

A água, como já observamos, é o melhor motor no Brasil para qualquer máquina, e uma só roda pode dar impulso às três das sobreditas máquinas. Não fazemos a descrição de todas estas máquinas, porque não haverá ninguém que as não tenha visto ou não as possa ver, pois são bastantes as fazendas aonde elas já existem, ou separadamente, ou todas, além do quê, não permitindo os limites desta obra que entremos em detalhes tão minuciosos que habilitem os fazendeiros a construir e montar essas máquinas sem auxílio alheio, escusado é apresentar o seu plano.

A polpa do café, na ocasião de se descaroçar, pode-se aproveitar para fazer uma aguardente mui saborosa. Basta pô-la de molho no dobro do seu peso d'água tépida. Quando a primeira fermentação pára, espreme-se o bagaço com uma prensa, e põe-se o vinho a fermentar segunda vez em tonéis, e dali, estando no ponto preciso, vai ao alambique como os vinhos de melaço ou cana.

Temos poucos dados para fixar acertadamente o produto do café. A mor parte dos lavradores costumam exagerar, e alguns, que têm sido malsucedidos, denegrir fora de razão esta cultura. Bastantes observações e informações nos autorizam a pensar que, com o método atual, calculando um ano por outro, e os pés adultos com os novos e os decadentes, não se deve contar anualmente muito mais de meia libra de café de boa sorte por cada pé. Esta avaliação supõe que para levar ao mercado 2 mil arrobas é preciso ter ao menos 100 mil pés, os quais pedem para cima de cinqüenta pretos para sua lavoura.

A aplicação de todos os melhoramentos que temos indicado, tanto neste capítulo como nos anteriores, aumentará decerto este produto, ou diminuirá as despesas; as circunstâncias peculiares de cada lavrador determinam a maior ou menor possibilidade de adotação dos mesmos melhoramentos.

Capítulo 8

Do algodão.

O algodoeiro (*Gossypium L. — Monadelphia Polyan-dria*), da família das malváceas, talvez merecesse, por sua importância, extensão de sua cultura e utilidade real, que lhe déssemos a antecedência sobre o café, e mesmo sobre a cana-de-açúcar; e só por causa da maior simplicidade da sua cultura e preparo é que lhe marcamos o terceiro lugar, pois que a respeito do serviço que faz à humanidade talvez não haja outro vegetal mais precioso sobre a terra. As plantas que subministram alimentos são sem número, porém as que fornecem materiais para vestir são poucas, e destas o algodoeiro é muito superior às outras, pois que a natureza o dá por assim dizer já pronto para ser fiado, enquanto o cânhamo, linho e seda exigem umas poucas de operações demoradas e fastidiosas para largar uma diminuta porção de fibra. A alvura e finura daquela lã vegetal convida, por assim dizer, a mão à colheita, e a multiplicar o lindo arbusto que a produz; e a facilidade da plantação e rápida vegetação exaltam o seu merecimento.

O consumo do algodão na Europa aumenta anualmente. A quantidade que fábricas inglesas gastam espanta a imaginação, e as mais nações da Europa promovem à porfia as fábricas de fiar e de tecer o algodão, abrindo assim à exportação novos canais, enquanto por outra parte o gasto interior cresce com a indústria e a população, e a cultura do algodão não pode senão vir a ser cada vez mais profícua, o que se não pode asseverar com igual confiança de muitas outras que hoje rivalizam com esta.

O algodoeiro é um dos vegetais mais fáceis de cultivar. Todos os terrenos e todas as exposições lhe convêm, porém as terras de areia untuosas e mediocremente úmidas são-lhe peculiarmente favoráveis, de forma que ele se dá excelentemente nos sertões aonde a regularidade das estações é um novo auxílio da sua próspera vegetação, pois que, semeado na época das chuvas, estas coadjuvam a germinação do jovem vegetal, e o acompanham até que já possa suportar a força do sol e da seca, e esta vem oportunamente no momento da florescência e madurez dos caroços, que as chuvas poderiam apodrecer ou contaminar.

CAPÍTULO 8

No entretanto, o algodoeiro, assim como outro qualquer vegetal, receia igualmente as excessivas chuvas e as secas prolongadas; por isso, nos anos chuvosos dá-se melhor nos sertões, e nos anos secos nos terrenos da beira-mar. Mas como estes são quase exclusivamente apropriados a outras culturas, hoje em maior ou, ao menos, igual favor com o lavrador brasileiro, segue-se que o algodão está por assim dizer limitado às comarcas centrais. Contudo, encontram-se poucas fazendas ou roçados aonde não hajam ao menos alguns pés. São tantas as aplicações que se lhe pode dar, a sua criação é tão fácil e o seu aspecto tão grato, que seria quase indesculpável não conservar alguns pés.

Os algodoeiros dividem-se em duas grandes famílias, as quais constam de várias subdivisões. O *algodoeiro herbáceo* (*Gossypium herbaceum*), que dura somente um ano, cultiva-se até nas regiões meridionais da Europa e da América inglesa, e conviria maravilhosamente às nossas províncias do sul de S. Paulo para baixo; e o *algodoeiro arbóreo* (*Gossypium arboreum*), somente cultivável nas regiões tropicais, e a cuja família pertence o algodoeiro do Brasil,* e que dá o

---

* O mais cultivado no Brasil é o *Gossypium barbadense, arboreum* e *vitifolium.*

133

algodão de qualidade superior conhecido no comércio debaixo do nome de algodão de Pernambuco e de Maranhão, praças que exportam grande porção.

Os antigos conheceram o algodoeiro; os gregos introduziram a sua cultura na Itália. Os asiáticos o cultivam desde tempo imemorial. A América, antes da descoberta, possuía várias espécies de algodoeiro. Não sabemos decidir se a espécie que o Brasil cultiva, e que dá a qualidade do algodão tão famoso no comércio e que já mencionamos, é indígena ou foi transportada da Ásia, mas ela satisfaz, tanto pela abundância da colheita como pelo merecimento da lã, a todos os requisitos que o lavrador pode desejar, e parece-nos que não precisa procurar outro, se bem que o governo deva mandar fazer as experiências necessárias e indagações para ver se seria possível achar espécies ainda mais vantajosas, ou se se poderia, pela caprificação ou fecundação dos ovários de uma espécie pelo pólen de outra, obter novas variedades ainda superiores; porém estes ensaios não podem ser feitos, como já observamos, senão pelo governo ou por proprietários de grandes posses.

O que recomendamos aos lavradores é o mais escrupuloso cuidado na escolha da semente. Não se devem servir, senão em caso de necessidade, da que colhem no seu terreno ou mesmo no distrito, mas sim da que mandarem vir de mais longe, e particularmente dos distritos conhecidos pela boa qualidade da lã, e seria mesmo bom renová-la todos os dez ou quinze anos por encomendas de Pernambuco e do Maranhão, se houver possibilidade de comunicar com estas cidades. A presente observação não se aplica peculiarmente ao algodoeiro, mas sim à maioridade dos vegetais que tendem a degenerar, se não houver cuidado de regenerar a espécie mandando vir nova semente dos países donde são oriundos, ou aonde se têm aclimatado no decurso de alguns séculos, e por uma cultura assídua.

O costume geralmente adotado é de plantar o algodão em covas em distância de quatro ou cinco pés, pondo seis ou oito grãos em cada cova: no intervalo de uma a duas semanas rebentam, e quando os pés novos tomam alguma força, arranca-se metade, reprovando-se sempre os mais fracos. Basta limpar o resto de quando em quando, e passados seis ou oito meses dão eles a primeira e mais abundante colheita. Como os arbustos se acham muito unidos, estorvam uns aos outros, e só as sumidades gozam do sol e do ar ambiente, de forma que um algodoeiro não dura regularmente senão três anos.

É inútil dizer que na época da plantação as plantas alimentais de pouca altura, como arroz, feijão e abóboras, acham nos intervalos dos algodoeiros um lugar mui apropriado. O mesmo milho, ainda que seja mais alto, pode crescer entre os jovens arbustos, mesmo com proveito, em razão da sombra que dá.

No método que assim mencionamos ver-se-á facilmente que achamos os intervalos que se deixam entre os pés insuficientes, bem como a quantidade de pés que se conservam em cada cova superabundante. O algodoeiro brasileiro sobe, sendo uma planta de terreno e exposição favorável, a doze ou quinze pés de altura, com uma circunferência competente. Vimos pés de maiores dimensões, cujo diâmetro do tronco passava de quatro polegadas, e que davam havia uns poucos anos colheitas abundantíssimas. Julgamos, pois, que nos terrenos férteis as covas deveriam estar a distância ao menos de braça e meia, e que não se deveria conservar mais de um até dois pés em cada cova, bem entendido que no fim de cada colheita os pés deveriam-se limpar das cascas secas, ramos quebrados, lenha seca e mesmo serem podados, quando o principal tronco ou braços tomassem uma extraordinária extensão à custa das outras partes da árvore. Com esta arte, pensamos que um algodoeiral daria durante cinco ou seis anos colheitas mais certas e abundantes do que as que atualmente produz, à exceção da primeira. Mas como este nosso parecer se baseia somente em teoria, e que nunca nos achamos em circunstâncias de o pôr em prática, damos de conselho aos lavradores que o quiserem ensaiar de o experimentar primeiramente em alguma porção da sua lavoura, antes de fazerem a aplicação em grande.

A colheita do algodão não se faz ordinariamente com aquela delicadeza que a lã requer para conservação da sua alvura. Os negros pegam sem cuidado nas cápsulas e atiram com elas a esmo nos samburás ou cestos. Parecia-nos mais acertado, ainda que se gastasse algum tempo mais, que se separasse nesta mesma ocasião o fruto das cascas, trabalho que as crianças e mulheres poderiam fazer no pé da árvore, enquanto os negros despissem os ramos altos. Tirar-se-ia igualmente grande vantagem em separar os frutos contaminados pela chuva ou insetos dos intactos. Bem sabemos que em certas fazendas tomam-se todas estas precauções, mas estas constituem a menoridade, e só da sua geral adotação é que se poderá esperar uma preferência comercial que conserve ao algodão brasileiro a grande fama e imensa exportação merecida já pelo de Pernambuco e de Maranhão.

As únicas operações que o algodão necessita para ser entregue à circulação comercial depois da colheita são seu descaroçamento e ensacamento. A primeira, na sua origem, fazia-se à mão, e na verdade há poucas tão fastidiosas e demoradas, pois que o trabalho diário de uma pessoa apenas pode dar em resultado uma libra de algodão descaroçado; e se não se tivessem inventado máquinas que abreviam a mão-de-obra, a cultura do algodão, apesar de todas as suas excelências, mal mereceria que se gastasse o tempo com ela. Estas máquinas muito simples constam de dois cilindros estriados que giram em sentido oposto, com necessária distância para que a lã que as estrias agarram passe enquanto os caroços estão na parte interior até ficarem inteiramente limpos, em cuja ocasião caem em um receptáculo particular. Os cilindros são postos em movimento por uma roda tocada à mão, ou mais vantajosamente com o pé, pois que neste caso uma só pessoa basta para dar o movimento e fornecer o alimento aos cilindros. O sistema dos mesmos cilindros movido por uma roda-d'água seria ainda mais vantajoso, pois que neste caso bastariam crianças para apresentar os caroços às máquinas. Há descaroçadores desta última descrição nas colônias européias e na América do Norte, mas não nos consta que os haja no Brasil.*

* O ensacamento do algodão deve ser feito de forma que esta lã ocu-

Capítulo 8

Os caroços de algodão podem ser aproveitados para azeite, porque a amêndoa contém grande porção; este azeite, enquanto novo, é de tão boa qualidade que pode servir para temperos, e é excelente para luzes e outros usos domésticos. O meio de o extrair é de pôr os caroços a ferver em caldeirões, e de os espremer depois por meio de uma forte imprensa. O mesmo bagaço pode-se aproveitar para cevar porcos.

Temo-nos estendido bastante sobre a cultura do algodão, pelas razões acima expendidas da sua utilidade incomparável, seja como gênero de exportação ou de consumo doméstico, pois que no interior de uma fazenda pode-se fabricar toda a roupa de cama, de mesa e mesmo camisas e calças, ao menos para os escravos. Temos visto nos sertões várias famílias que fiavam e teciam em casa todo o pano do uso doméstico, redes, cobertores, toalhas, lençóis, pano cha-

---

pe o menor lugar possível sem contudo a apertar de tal forma que perca a sua elasticidade na ocasião de se bater. Como o transporte é feito do interior para a beira-mar às costas de animais, vem para comodidade da arrumação em sacas de quatro a cinco arrobas. Se o ensacamento fosse feito nos portos de mar, haveria economia em fazer os fardos de três a quatro quintais.

mado de Minas para sacos, capas e vestidos dos negros; tudo se fabricava pelas pretas debaixo dos olhos das senhoras, que se não desdenhavam de pôr elas mesmas mãos à obra. Poucos espetáculos mais interessantes temos presenciado no decurso de nossas viagens no Brasil; e como todo o mantimento se colhia igualmente da fazenda, podemos asseverar que todas estas famílias viviam mui pacíficas, bem morigeradas, fartíssimas, e mesmo algumas em um estado de opulência e de permanente riqueza superior àquela que a mineração das mais ricas veias de metais lhes teria talvez proporcionado, pois todo o supérfluo das plantações de mantimento e os gêneros cultivados para venda dão um lucro limpo que engrossa o tesouro ou serve para aumentar as propriedades e fábricas.

O produto do algodão, como gênero de tráfico, não é fácil de determinar. Estamos no caso do café e outras lavouras, os dados são incertos, uma vez por exagerados, outra por nimiamente depreciados. Podemos porém certificar que talvez não exista cultura de tanto lucro. Um morador sem um só escravo e um rico capitalista podem igualmente prosperar aplicando-se a ela. A base mais certa é de calcular que mil covas darão pouco mais ou menos dez arrobas de algodão limpo, e que um escravo pode cultivar 2 mil covas. Te-

Os economistas que têm escrito sobre esta cultura nas colônias européias apresentam resultados muito superiores. Avaliam a porção de algodão que um negro pode dar em doze quintais, vendidos à razão de 33 patacões o quintal.

mos pois vinte arrobas por cada preto, as quais não devem dar menos de 5$ ou 6$ rs. cada uma.

Os economistas que têm escrito sobre esta cultura nas colônias européias apresentam resultados muito superiores. Avaliam a porção de algodão que um negro pode dar em doze quintais, vendidos à razão de 33 patacões o quintal.

Os americanos do norte avaliam ainda mais alto o produto que um trabalhador pode obter da cultura do algodão; porém, seja qual for a autenticidade destas avaliações, temos suficientes dados para supor que a nossa, relativamente ao Brasil, não se afasta muito da realidade.[1]

É preciso confessar também que a dificuldade e carestia dos transportes diminui muito os lucros dos lavradores. São feitos às costas de animais em caminhos quase intransitáveis; e como a maior porção das fazendas de algodão estão afastadas da beira-mar, sobre os seus donos é que recaem em grande parte os prejuízos que resultam do atual estado das comunicações. Somente a mão poderosa do governo poderia dar remédio eficaz a tão grande mal.

Capítulo 9

Do fumo.

*N*icotiana tabacum L. (*Pentandria Monogynia*) da família das solanáceas (gênero *Nicotiana*). Se bem que não proporcione aos homens serviço algum necessário, assim mesmo tem-se tornado tão indispensável ao capricho e ociosidade, que talvez não haja outro vegetal cujo uso esteja tão geralmente espalhado entre todas as nações. O negro nos areais adustos do seu clima ardente e o lapônio sepultado no chão debaixo de outeiros de neve não podem passar sem o fumo. Os japões, os chinas, os árabes e os indianos fazem uso diário do fumo, que merece igual estima dos selvagens, nos matos virgens da América, e dos povos da Europa nas suas cidades e palácios.

O fumo é originário da América, e os selvagens ensinaram aos povos civilizados o seu uso. O célebre marinheiro

Capítulo 9

inglês Drack,*[1] que conquistou a Virgínia, foi o primeiro que o transportou à Europa, onde já se naturalizou, de forma que nasce ali espontaneamente.

O fumo do Brasil gozou e ainda goza de grande fama, e tem sido uma das fontes principais da sua riqueza. Sem dúvida, a gratidão dos serviços passados obrigou os fundadores do Império do Brasil a admiti-lo no seu novo brasão de armas, pois que para o futuro a nicotiana não pertencerá mais peculiarmente ao Brasil que à Suécia, à Sibéria ou aos quinto e sexto continentes. A exportação do fumo tinha diminuído muito no Brasil, e a cessação do tráfico da escravatura dar-lhe-á um golpe fatal, se bem que o consumo doméstico e tráfico externo nunca hão de permitir que este ramo de lavoura seja abandonado.

A cultura do fumo é muito simples e não se carece de máquina alguma para a preparação do gênero. Gosta de terra leve, abundante em sucos e mediocremente úmida. Uma mistura de areia e de massapé ou húmus convém-lhe maravilhosamente. As chuvas favorecem sua infância e desenvolvimento; porém, na época da madurez das folhas, são

---

* Outros dizem que fora descoberto em S. Domingos e introduzido na Europa por Jean Nicot, embaixador francês, em 1560.

excessivamente nocivas, particularmente de dia, se o sol bate logo depois. O mal que produzem é tão grande, que um pirajá ou uma neblina fazem perder uma colheita, se o sol sai repentinamente antes que as folhas tenham tempo de secar, razão por que a cultura deste vegetal se acha distante da beira-mar, e se faz hoje particularmente nos sertões, aonde as estações são mais regulares.

O fumo, preferindo um solo como aquele que descrevemos, costumam os sertanejos plantá-lo em certos currais grandes de recolherem gado, que chamam malhados, e que no meio da devastação que causam as queimadas e pastos, são os seus únicos roçados e hortas. O fundo areento destes terrenos enriquecidos com o esterco e secreções do gado produz um fumo de qualidade superior.

O chão destinado a esta lavoura não pode ser cavado e atenuado demais, assim como bem nivelado e limpo de pedras e raízes. As jovens nicotianas, tiradas de um viveiro aonde foram semeadas, são plantadas a distância de dois pés; e para regularidade e cômodo das limpezas, aconselhamos que se faça a plantação a cordel. As plantas devem ser calçadas na ocasião que tiverem pé e meio de altura, e fazerem-se as limpezas à proporção que forem necessárias. As folhas próximas ao chão e os ramos laterais devem ser tron-

Capítulo 9

cados à mão. O mesmo se deve fazer nas sumidades dos indivíduos que tenderem a crescer demais, em vez de se guarnecerem de folhas. Da mesma sorte troncam-se os botões das flores, pois que se o vigor e espíritos da planta se gastarem no esforço da florescência e sustentação das sementes, as folhas perderão todo o sabor e suco. Conhece-se que estas estão maduras quando se dispõem a mudar a cor verde-esbranquiçada em amarelo; então apresentam algumas nódoas, exalam um aroma particular, e seus nervos machucam-se com facilidade entre os dedos. As folhas, ou amadurecem sucessivamente, ou de uma vez. No primeiro caso, a colheita é feita em diferentes intervalos, no segundo colhe-se o pé de uma só vez. As folhas reunidas em mãos põem-se a secar em lugar arejado e à sombra, e muitas vezes suspendem-se nas ripas dos telhados.

As subseqüentes operações de dispor as folhas em maços, cordas e rolos pertencem ainda à agricultura. O merecimento deste gênero consiste principalmente na dessecação. É preciso que esta não seja tão violenta e rápida que o bálsamo evapore, nem tão incompleta que a umidade que se lhe deve conservar seja demais e o faça apodrecer. Um princípio de fermentação, ajudada pelo amontoamento, e imersão na água do mar ou água preparada com sal amoníaco, nitro e untura de melaço,* e abafada de repente por meio da compressão, torrefação, moagem ou socagem, dá ao fumo esse aroma e espírito picante que tanto agrada aos partidistas destas preparações. Mas isto já entrou no domínio das fábricas, e o que temos dito basta.

O fumo toma-se debaixo de três formas, e debaixo de todas elas conserva as suas qualidades narcóticas e venenosas, a ponto de causar vertigens, enjôos, embriaguez e vômitos às pessoas que não estão acostumadas aos seus efeitos. Mas com o costume se dissipam estes sintomas, e em breve o hábito muda em precisão, e algumas vezes em paixão irresistível, um uso tão repugnante à natureza.

O fumo assim mesmo serve à medicina, a qual ordinariamente tira seus mais eficazes remédios da classe dos venenos. Verdadeiramente, nos países úmidos, no mar e nas doenças originadas por excesso de linfa e de humores frios, o uso moderado do fumo é proveitoso. Convém particu-

---

§📖| * Se, em vez de melaço, se empregasse uma dissolução de açúcar mascavo, o fumo teria uma qualidade muito superior. O fumo da Martinica, conhecido debaixo do nome de *Macubá*, deve a esta preparação o aroma que tem e que se assemelha ao da violeta, aroma que se encontra também no rapé princesa.

Capítulo 9

larmente aos temperamentos flegmáticos. Os negros de ambos os sexos gostam imoderadamente do fumo, e, para o obterem, são capazes de cometer excessos que os senhores de juízo prevêem, fazendo dele uma distribuição regular à sua escravatura. É, pois, escusado recomendar aos lavradores prudentes que cultivem porção suficiente para o gasto da sua casa, pois que esta precaução entra no sistema de economia e boa administração sem o qual nenhum estabelecimento de agricultura pode prosperar.

Capítulo 10

Das fazendas de vegetais comestíveis,
vulgarmente chamados de mantimentos.

Certamente os produtos mais interessantes da agricultura são aqueles que têm por objeto a produção dos gêneros comestíveis, do pão; pois a primeira necessidade do gênero humano é a de se prover do alimento diário; e, sem dúvida, um tratado de agricultura européia que não antepusesse a cultura dos cereais a qualquer outra chamaria não pouco vitupério sobre o seu autor. Também parecerá ao primeiro golpe de vista singular que tenhamos tratado de lavouras de gêneros de luxo e exportação, com preferência às dos vegetais que fornecem o mantimento diário. Mas é preciso advertir que não classificamos as lavouras por seu grau de utilidade positiva, mas sim de importância pela consideração dos braços que ocupam, e giro de capitais que ocasionam; portanto, abrangendo de um golpe de vista geral a

Capítulo 10

cultura brasileira, veremos que a cultura dos vegetais comestíveis é, em poucas circunstâncias, exclusiva nas fazendas, e que varia tanto de forma, que nenhum deles constitui um ramo de conseqüência transcendente e de vantajosa saída, pois que, em certas províncias a mandioca, noutras o milho, e noutras o arroz, fazem a base do sustento diário dos campos e da escravatura, enquanto as cidades vão retirando grande porção da sua sustentação das farinhas e trigos estrangeiros. Devemos igualmente observar que, até agora, nenhum vegetal mereceu ainda uma preferência nacional decidida, e foi adotado por base de toda a comida, como acontece em quase toda a Europa, onde se adotou o pão, e no Oriente e povos asiáticos onde se adotou o arroz. Se perscrutarmos os usos das nossas províncias, acharemos que na beira-mar prefere-se a farinha de mandioca, que os sertanejos inclinam-se ao milho, que os maranhenses e paraenses antepõem o arroz, e os meridionais a carne torrada, havendo muitos casos em que estes gostos se mudam um por outro ou se encontram misturadamente, podendo até acontecer que para o futuro sejam substituídos por outros, v. g., que a preferência pelo pão de trigo, já mui fácil de se notar até nas pequenas povoações, se generalize nos campos, mormente dando-se o trigo tão bem na mor parte das

MANUAL DO AGRICULTOR BRASILEIRO

nossas províncias centrais e em todas as do Sul. Julgamos, pois, que estas reflexões justificarão o lugar intermédio que damos aos vegetais comestíveis, entre as plantas usuais cultivadas em ponto grande, e regularmente em fazendas destinadas *ad hoc*, que alimentam o nosso comércio, e aquelas que poderiam, se fossem cultivadas, abrir novas fontes de riqueza ou de comodidade, embora a sua cultura não tenha sido nunca introduzida ou, depois de introduzida, tenha sido por um motivo ou outro desprezada.

Do mais, quase que já dissemos sobre a cultura destas plantas o que há de mais essencial, quando observamos que o costume de as plantar em derrubadas novas poupava a mor parte dos trabalhos que ordinariamente exige a agricultura. Limpo uma vez o terreno, o trabalho de cavar a terra é uma mera cerimônia feita à superfície, a esta segue-se a semeadura, e duas ou três limpas mais bastam para conduzir ao momento da colheita.

Vamos rapidamente percorrer a série de vegetais geralmente cultivados no Brasil para mantimento, notando as peculiaridades da sua lavoura.

MANDIOCA. *Jatropha manihot. L. Manihot utilissima. Pohl* (*Monoecia Monadelphia*),[1] na família das euforbiáceas; é bem conhecida de todos os lavradores brasileiros, e o mo-

CAPÍTULO 10

do de a tratar vulgarizado. O singular capricho da natureza, que reuniu um violento veneno com uma substância
nutritiva, tem dado a este vegetal uma grande fama nos países aonde não nasce.

A mandioca pede do agricultor mais trabalhos e suores
do que qualquer outra planta. Suas raízes querem estender-
se à vontade numa terra fofa. O costume é de repartir os
terrenos em torrões, ou tabuleiros levantados acima do nível, à proporção que o fundo é úmido e disposto a enchar-
car-se de água permanente que apodrece as raízes. Os lavradores distinguem várias espécies de mandioca; uma, bem
preciosa, amadurece em oito meses; as outras pedem de doze até quinze ou dezoito meses para ficarem em estado de
se colher.

Ninguém ignora que as raízes de mandioca são raspa-
das para se lhes tirar a casca, e ao depois raladas por uma
rapadoura circular, cujo eixo é posto em movimento por
braços, por animais ou por água. Este último motor é o preferível, como já observamos; nem todos os lavradores ou
moradores estão em circunstância de o obter, mas todos podem construir uma engenhoca movida por um só animal,
seja boi, besta ou cavalo. A massa obtida pela operação de
ralar sujeita-se a uma pressão forte para espremer o sumo

151

MANUAL DO AGRICULTOR BRASILEIRO

ou leite em que reside o veneno. A massa tirada da imprensa vai então para a platina de barro ou cobre, encaixada em cima de uma fornalha aonde o calor a seca e lhe dá aquele aspecto de farinha graúda e muito branca, com que aparece no comércio e nas mesas. Para que estes grãos não possam conglutinar-se, remexe-se continuamente com uma pá de pão.

Nas colônias européias, o ponto de torrefação da mandioca aperta-se muito mais, de forma que toma uma cor dourada. No Maranhão e províncias do Norte, sujeitam-na a uma espécie de fermentação que lhe dá um sabor azedo e uma cor amarelada, e chamam-lhe então farinha de água. Pareceu-nos menos favorável ao estômago do que a preparada pelo modo usual, a qual é de fácil digestão, muito substancial e antiescorbútica, a ponto, ao nosso ver, de neutralizar os maus efeitos que o uso diário da carne-seca e peixe salgado deveriam produzir.

O suco ou leite da mandioca deposita uma substância ou fécula finíssima, de grande alvura e muito parecida com o polvilho que se tira do trigo. Esta fécula, que toma o nome de tapioca, é um sumo grão estomacal e peitoral, e já se tornou gênero de exportação.

É fácil fazer com a farinha de mandioca pães e biscoi-

152

tos, mais ou menos cozidos, de sabor gostoso e grande duração, porém ainda não os adotaram no Brasil. Com os mesmos biscoitos os naturais da Guiana e os colonos europeus, à sua imitação, fazem até quatro sortes de licor fermentado, agradável, barato e sadio, e cujo uso seria muito preferível nas fazendas, para os escravos e mesmo para os proprietários, ao da cachaça e outros alcoólicos. Devemos lamentar o ver que a natureza tendo posto, por assim dizer, nas mãos dos brasileiros tantos meios de procurarem mil bebidas e comidas tão inocentes como saborosas e sadias, se limitem eles, por preguiça e desleixo, ao tão escasso como insalubre passadiço que os grosseiros descobridores adotaram, obrigados pelo costume, escassez e sujeição à Metrópole e hostilidade com os índios. Estes mesmos índios eram mais hábeis em variar as suas comidas e bebidas do que a mor parte dos moradores o são, e várias receitas que praticam têm caído no esquecimento [...]

O AIPIM. *Manihot aipim. Pohl.*[2] é uma espécie de mandioca que não tem a qualidade venenosa desta, com a vantagem também de se conservar somente oito meses na terra. Serve especialmente para se comer assado ou cozido, não sendo o seu produto em farinha igual ao da mandioca. A mesma raiz, deitada na panela, comunica ao caldo um sabor agradável e uma qualidade nutritiva e peitoral.

MILHO. *Zea mays L.* (*Monoecia Triandria*), da família das gramíneas, é um dos vegetais mais úteis ao gênero humano e tido por indígena da América, e deve ser considerado pelos europeus como um dos presentes de maior valor que devem ao novo continente, pois que há províncias inteiras que já não comem outro pão, além dos muitos outros usos para que serve o milho, o qual substitui vantajosamente os cereais.

O milho, como já dissemos, faz a base do sustento dos habitantes das províncias centrais, ora em grão depois de despido da casca e fervido até ficar mole debaixo do nome de canjica, ora em pirão depois de reduzido a farinha, chamada fubá, pela socagem ou moagem; o cuscuz é outra preparação do milho grosseiramente socado e cozido dentro de um pano à moda de África.

Preparam outras muitas iguarias quando temperam a farinha de milho com leite, ovos, açúcar, &c. Todos sabem igualmente que na Europa se faz do milho um pão saboroso, e umas papas mui gostosas conhecidas pelo nome de *polenta*. Enfim, todo o gado e criação de aves domésticas gostam mais e dão-se melhor com o milho do que com qualquer outro grão ou alimento; acrescendo a tantos serviços que a cultura do milho é a menos custosa de todas, e que dá tão brevemente o seu produto que se podem tirar duas colheitas por ano do mesmo terreno, de forma que afirmamos que o milho faz a fartura e glória das fazendas, atrevendo-nos a prognosticar que quando o acréscimo da população exigir da agricultura maior produção de alimentos, o milho ganhará pouco a pouco preferência decidida sobre a mandioca, de trabalhosa lavoura, e que ocupa o terreno ano e meio pelo menos.

O milho planta-se em covas, as quais não devem ficar a menos de dois pés de distância em todos os rumos. Costumam limpá-lo duas vezes e mesmo três, e calçar os pés todas as vezes que se limpam. O resto da cultura e sua colheita é tão vulgar, que nos parece escusado explicá-lo aqui, observando somente que para a boa guarda deste grão precioso, é bom secá-lo o mais possível e guardá-lo abrigado da umidade, da poeira, dos ratos e dos insetos.

O milho em verde é o melhor pasto que há para o gado cavalar e vacum, e os lavradores, mormente os que sustentam animais em estrebarias ou que vivem na proximidade das cidades, deveriam lançar mão deste ramo de lucro. O milho, nas roças que forem destinadas a esta serventia, deve ser semeado muito fechado, à moda do trigo, e a ocasião mais profícua de ceifar é no momento em que as flores estão a brotar.

Recomendamos para esta cultura, assim como para as mais, o arado, quando for possível aplicá-lo ao terreno, assim como, para a moagem do grão, os moinhos movidos por braços, por animais ou por água, conforme as posses e localidades o permitem. Este conselho, a respeito das máquinas, aparece nesta nossa obra a cada momento pela razão de que só com o emprego delas pode o lavrador multiplicar as suas forças, e vencer os obstáculos que a natureza ou a atual situação do Império opõem à sua prosperidade.

ARROZ. *Oryza sativa L. (Hexandria Monogynia)*, da família das gramíneas. Outro preciosíssimo indivíduo da família mais útil ao gênero humano, de todas aquelas em que se divide o reino vegetal. O arroz sustenta um muito maior número de homens do que o trigo, que, por esta razão, deve merecer somente o segundo lugar de apreço.

A cultura do arroz no Brasil é das mais singulares e inocentes, graças à introdução do arroz seco, que se dá bem nos terrenos enxutos, uma vez que a sua infância seja favorecida pelas chuvas. Os países em que esta espécie não foi introduzida ou não tem podido prosperar, e em que se cul-

Capítulo 10

tiva a espécie que precisa de terrenos alagados, sofrem muito pelas exalações febris das águas que se encharcam. Esta mesma espécie seca ainda se dá melhor em certos terrenos úmidos que suam. Nesses terrenos basta, por assim dizer, lançar o grão sem outra preparação, para obter uma soberba colheita. Vimos fazendas em que certos terrenos com estes quesitos eram somente pisados, e remexidos pelo gado que ali se juntava para esse fim, e que davam uma colheita de arroz que espantava pela abundância.*

A cultura do arroz nas derrubadas e fraldas de morros não difere da do milho, com o qual não raras vezes vai de companhia. As limpas são as mesmas, e a sombra do milho favorece o arroz, até o momento em que este já espigado carece das influências do sol, e se colhe o milho já maduro.

O arroz parece originário da China. Sustenta sete oitavos da população da terra, e o oitavo restante admite-o de bom grado entre as suas iguarias e dieta dos doentes.

A socagem do arroz para o descascar é o único trabalho

---

* Nas imensas vargens alagadiças das províncias do Pará e Mato Grosso, uma espécie de arroz aquático nasce espontaneamente. Os naturais não têm trabalho algum além do da colheita que fazem em canoas, dentro das quais sacodem as espigas.

MANUAL DO AGRICULTOR BRASILEIRO

que dá, finda que seja a colheita. Mas este trabalho, feito por braços de pretos, é dos mais pesados da agricultura. Nos lugares onde a cultura do arroz se faz em grande, adotaram-se já engenhos para o socar. Na província do Maranhão, que faz do arroz a base da sustentação, além da grande porção que exporta, levantaram na cidade um engenho de vapor que apronta imensa quantia deste gênero, e dá avultados lucros. É escusado repetir aos lavradores das outras províncias que, sem o auxílio do mecanismo, esta lavoura, bem como as mais, nunca poderá tomar grande extensão.

O arroz, à semelhança de qualquer outro grão, dá uma aguardente chamada araque pela destilação.

FEIJÃO. *Phaseolus L.* (*Diadelphia Decandria*), da família das leguminosas.

Eis outro vegetal que não carece de descrição nem elogios. Os serviços que rende aos brasileiros são incalculáveis. O feijão é, por assim dizer, o companheiro obrigado do toucinho e da carne-seca; é alimento de que gostam tanto o senhor como o escravo, e que faz a fartura da casa e da senzala.

A cultura do feijão é de todas a mais simples. Quase nunca se planta só, pois que ocupa os lugares vazios entre os vegetais de maior volume, e as fases da sua vegetação apenas abrangem três meses.

As espécies do feijão são inumeráveis; as mais usuais entre os brasileiros são os feijões-pretos, vermelhos, brancos, e muitas outras espécies e variedades. Os pretos são os mais saborosos e sadios. Os vermelhos rendem mais. Algumas vezes combinam-se estas cores, outras vezes obtêm-se certas variedades novas pela cultura. Entre estas recomendaremos o feijão-manteiga como de primorosa delicadeza, bem como o feijão-fradinho e feijão-espada.

A fecundidade do feijão tem-se tornado célebre em ambos os hemisférios. No Brasil, nos terrenos de primeira qualidade, não é raro obter duzentos e trezentos por um.

Um vegetal que muito se aproxima ao feijão, e que dá igualmente produtos tão agradáveis como úteis e abundantes, sem o menor cuidado, é o conhecido no Brasil debaixo do nome de fava, e que os botânicos apelidam *dolichos* (da *Diadelphia Decandria*), da família das leguminosas. Para três ou quatro espécies de *dolichos*, de sementes brancas, pretas e pintadas, darem uns poucos de anos a fio uma perpétua colheita de saboroso grão, basta largar a semente ao pé das cercas ou das tocas dos roçados, os quais se cobrem brevemente de uma verdura tão deleitosa à vista, como a fruta o é ao paladar.

O cipó que, nas roças abandonadas, dá as bagas peludas que ocasionam comichões, e cujos grãos são chamados de olhos-de-burro, por causa da sua figura, pertence ao mesmo gênero — *Dolichos mucuna, Decandolle.*[3]

ABÓBORAS. *Cucurbita pepo L.* (*Monoecia Syngenesia*), gênero que deu o nome à interessantíssima família das cucurbitáceas. Falar da abóbora a um lavrador brasileiro é comemorar os grandes serviços que tem feito à sua família e escravatura; e certamente aumentará a sua gratidão, quando souber que a melancia *Cucurbita citrullus*[4] e a cabaça *Cucurbita lagenaria*[5] pertencem ao mesmo gênero.

A cultura das abóboras acompanha as acima mencionadas, e não pede maiores nem diferentes trabalhos, devendo-se observar entretanto que para as obter de tamanhos e qualidades superiores, mormente em terrenos já cansados, é necessário cavar buracos a distância de braça um do outro, e de um até dois pés de circunferência, nos quais se ajuntam os estercos e cinzas que houver à mão com uma porção suficiente de massapé ou terra de brejo, ou de mato virgem. As melancias requerem especialmente este benefício.

As abóboras fornecem um alimento tão abundante como gostoso e sadio. Misturadas com fava e feijão, fornecem para os escravos uma comida que permite diminuir sem risco o uso da carne. Recomendamos com especialidade, por experiência que fizemos pessoalmente, que a cozinhem com a carne-seca dos pretos novos, porque sendo também cultivada na África, estão eles acostumados a esse alimento.

A cultura tem variado de mil modos a forma e os tamanhos das abóboras; porém não temos espaço para nos demorarmos sobre a sua classificação. Cada vegetal pediria, para se esgotar a matéria, um artigo mais extenso do que qualquer deste manual; porém, como já advertimos, contentar-nos-emos com abrir a picada, e o lavrador, seguindo as nossas pisadas, aprontará o caminho que deverá seguir, evitando os tropeções, e demorando-se na porção que adotar, até que, por seus desvelos, reflexões e trabalhos, o tenha perfeitamente aplanado e tornado cômodo.

A família das cucurbitáceas não limita os seus dons ao gênero das abóboras. Presenteia o lavrador com o gênero dos pepinos *Cucumis sativus*, cuja cultura não difere da das abóboras, e contém várias espécies comestíveis como a do pepino-do-japão, *Cucumis conomon*,[6] pepino americano ou maxixe, *Cucumis anguria*, e melão, *Cucumis melo*, uma das mais deliciosas e maiores frutas do mundo, e da qual fare-

MANUAL DO AGRICULTOR BRASILEIRO

mos uma menção algum tanto mais extensa no capítulo da horticultura.

BATATA-DOCE. *Convolvulus batatas L.* (*Pentandria Monogynia*)[7], da família das convolvuláceas. Esta raiz tão gostosa, perfumada e açucarada, que a natureza pareceu comprazer-se em preparar um manjar de sobremesa tão nutritivo e substancial, como delicioso ao paladar, era de tal forma estimada nas colônias francesas que diziam pessoalmente que o viandante europeu que na América tinha provado as batatas havia por força de voltar para as tornar a saborear.

Cumpre porém confessar que a cultura das batatas tem maior extensão nas colônias francesas do que no Brasil. Ali plantam grandes campos, e distinguem com cuidado as espécies, entre as quais existe uma mui preciosa, chamada batata-em-pé, por não espalhar os grelos em toda a superfície do chão, e que por isso se pode plantar entre as fileiras das canas, dos cafés, &c., como os vegetais que acima mencionamos.

Não podemos instar nimiamente com o lavrador brasileiro para que cultive grandes roças de um vegetal tão pronto em dar, tão fecundo e salubre que pode servir de alimento à criança de peito, ao mesmo tempo que o seu primoroso sabor lhe dá admissão nas mesas mais lautas.

162

CARÁ. *Dioscorea alata* e *Dioscorea bulbifera*, de origem africana, é um dos alimentos usuais dos pretos, pertence ao mesmo gênero, pede a mesma cultura e serve para todos os usos econômicos da batata-doce, com a diferença que o cará não tem o sabor adocicado e balsâmico da batata, aproximando-se mais ao gosto da alcachofa. O cará aumenta a fartura de uma fazenda, varia a comida da escravatura, e o lavrador judicioso o não deve desdenhar, tanto menos que assim como a batata-doce cresce em terrenos ingratos a qualquer outra cultura.

INHAME. *Caladium esculentum L.* (*Monoecia Polyandria*), da família das aroídias,[8] pelo tamanho das suas raízes comestíveis e facilidade de o plantar nas beiras dos corgos, fontes, e nos alagadiços aonde propagam e se conservam *de per se*, merece que o plantem nos lugares próprios, sempre que se fizer um roçado novo.

ARARUTA. *Maranta arundinacea L.* (*Monandria Monogynia*), da família das canneas.[9] Desta planta se tira a farinha que os ingleses chamam *arrowroot* ou *raiz de lança*, e nós *araruta*, e que os índios que dela usavam há muito tempo chamavam *agoutiguepe*, por se persuadirem que a sua fécula, aplicada às feridas de setas ou lanças ervadas, absorvia todo o veneno, e era o seu mais pronto e seguro remédio. [...]

BATATA-INGLESA. *Solanum tuberosum L.* (*Pentandria Monogynia*), da família das solâneas. — Esta batata originária da Virgínia, na América do Norte, e levada à Inglaterra por Sir Walter Raleigh,[10] no reinado de Elizabeth, é talvez o presente de maior monta que o novo continente tenha feito aos seus descobridores, pois que, com o socorro deste tubérculo, a Europa já está salva daquelas fomes horrendas que em tantas épocas a tem açoitado. A batata dá colheitas abundantíssimas em terrenos aonde o trigo não produz. Já os habitantes de grandes províncias a têm por esta razão substituído ao pão, e nas outras não tem pequena parte no sustento diário dos homens e do gado.

A batata que os brasileiros chamam inglesa, porque agora as suas cidades marítimas são supridas deste gênero pela Inglaterra, não se dá verdadeiramente muito bem na beira-mar; porém, nas regiões de serra acima e províncias meridionais, não cede a palma, pela abundância ou qualidade da colheita, às de importação. O território da colônia suíça lhe é peculiarmente favorável, mas oh desgraça! a colônia dista da Corte em 24 léguas,[11] e as despesas que se fazem com a condução deste gênero são tais que se não podem vender tanto em conta como as que são transportadas de Cork na Irlanda, a mais de 2 mil léguas de distância.

Capítulo 10

Se o governo soubesse quanto cada légua de bom caminho, para o centro, lhe renderia e promoveria a população e riqueza da nação, decerto que não cuidaria em outra coisa senão em abrir comunicações com o interior, e favorecer as relações marítimas da costa. O soberano do Brasil não deveria ambicionar outro título de glória senão o de estradista-mor do mundo.

O terreno para plantar o *Solanum tuberosum* carece dos mesmos preparos que necessita o da mandioca; porém, no cabo de três ou quatro meses, recompensa grandiosamente o trabalho que ocasionou.

O mesmo gênero das *Solanas*, que contém grande porção de vegetais venenosos, compensa estes danos com muitos presentes preciosos, o da *melongenas* ou *berinjelas, Solanum melongena*, já introduzido na horticultura, e que os fazendeiros devem igualmente adotar, bem como o ainda muito superior do tomate *Solanum lycopersicum*,[12] tão usual e vulgar no Brasil, que já nasce *de per se*; e tratar das suas qualidades ou culturas seria trabalho supérfluo.

A família das *solâneas* abrange igualmente a tribo das pimenteiras, gênero *Capsicum L.*, tão estimada dos brasileiros, e geralmente dos habitantes das regiões quentes, pelas suas propriedades incisivas, anti-sépticas, desenjoativas e digestivas. A pimenta é o tempero quase exclusivo de todas as comidas, e o melhor excitativo para dar tom às papilas nervosas dos órgãos da mastigação e da digestão que o demasiado calor tende a relaxar. Além de que, em muitas doenças, a pimenta serve de remédio específico, razões por que todas as espécies deste gênero devem ser cultivadas.

GUANDU OU ERVILHA-DE-ANGOLA. *Cajanus flavus* (*Decandolle*)[13] (*Diadelphia Decandria*), da família das leguminosas, arbusto bem conhecido no Brasil, que dá uma ervilha mui saborosa, dura seis ou sete anos, e prospera nos terrenos mais ásperos. Além disto, as flores e pontas dos galhos são boas para o peito, as folhas fervidas curam as chagas, e o seu sumo, depois de socado, é mui estimado nas hemorragias. Ultimamente, a cinza da lenha dá uma barrela que limpa as úlceras. Todas estas qualidades o recomendam ao agricultor.

QUIGOMBÓ. *Hibiscus esculentus L.* (*Monadelphia Polyandria*), da família das malváceas. É escusado falar por extenso do quigombó, de origem africana, mas tão conhecido e estimado no Brasil, e cujos frutos mucilaginosos ainda verdes são empregados para sazonar a maior porção das comidas, e particularmente as alcunhadas carurus. As propriedades sanitárias do quigombó justificam a predileção que os brasileiros têm por esta planta.

MANDEBIM.[14] *Arachis hypogaea (Diadelphia Decandria)*, da família das leguminosas. Outro vegetal africano hoje cultivado em todos os estabelecimentos europeus de ambos os hemisférios, e que merece este cuidado pelo sabor das suas sementes, que nascem dentro da terra, e dos quais se pode extrair um azeite gostoso, tanto para os temperos como para a luz.

CARURUS. Debaixo deste nome genérico no Brasil reunimos grande número de plantas que nascem espontaneamente, ou quase espontaneamente, pois que basta plantá-las ou semeá-las uma vez para que se propague grande quantidade de vegetais, cujas bagas, folhas ou hastes fornecem alimentos mui sadios e mui gostosos, tanto aos donos como à escravatura. O número destes vegetais passa de vinte, e apontaremos os nomes científicos dos principais.

CARURU. *Amaranthus virides. Pentandria Digynia*, da família das amarantáceas.

CARURU-AZEDO. *Hibiscus sabdariffa. Monadelphia Poliandria*, da família das malváceas.

TAIOVA. *Arum mangarita.*[15] *Monoecia Polyandria*, da família das aroídeas.

BERTALHA. *Basella rubra, alba, &c. Pentandria Trigynia,* da família das quenopodiáceas.

BELDROEGA. *Portulaca oleracea.*[16] *Dodecandria Monogynia,* da família das portulacáceas.

LÍNGUA-DE-VACA — JOÃO-GOMES. *Talinum* idem idem.

ORA-PRO-NÓBIS. *Pereskia grandifolia. Icosandria Monogynia,* da família das cactáceas.

Era fácil aumentar esta lista; porém é preciso limitarmo-nos e mesmo um lavrador não se atreveria a cultivar todos os vegetais que podem ser úteis ou agradáveis. Seria isso tomar sobre si uma tarefa que consumiria a vida sem se ver o resultado. O Brasil, como já dissemos, pode hospedar todos os vegetais que existem em ambos os hemisférios. É forçoso, pois, que um lavrador escolha as culturas que melhor lhe convenham, e para as quais o seu terreno pareça mais apto, podendo entretanto alternar as culturas de rendimento e de sustento, e dar-se alguma largueza nos vegetais de mimo que cultivar em ponto pequeno na sua horta e no seu jardim.

Capítulo 11

Culturas que devem ser naturalizadas,
reproduzidas ou amplificadas.

Se o lavrador brasileiro não pode admitir nas suas culturas todos os vegetais suscetíveis de nelas prosperarem, o Império do Brasil deve ter por alvo de ambição e glória o não deixar um único de qualquer utilidade ou notabilidade na superfície da terra, que não naturalize e desfrute, pois que a extensão, posição e variedade de terrenos e climas das suas províncias lhe facilita esta espécie de soberania universal do reino botânico, cuja aquisição o tornaria igualmente o espécime e retrato do globo, sem falarmos da imensa prosperidade que resultaria de uma tal massa de produtos, cuja enumeração até cansa a memória mais feliz.

Do número de vegetais cultivados para o comércio ou alimento, de que já falamos, os quais, afora as frutas e árvores frutíferas, fazem, com poucas exceções, a totalidade dos lavrados com certa extensão no Brasil, comparado com a quantidade dos que deverão ser naturalizados, e dos quais trataremos neste capítulo, tirar-se-á a triste prova do quanto estamos distantes daquele grau de riqueza vegetal que o governo deveria promover por todos os meios a seu alcance, e do quanto o que nos falta neste gênero excede o que possuímos.

Entre tantas naturalizações botânicas que temos a fazer, seria preciso estabelecer umas poucas de categorias. Algumas plantas de sumo lucro e de fácil cultura como que instam já para que quanto antes lhes marquemos o seu lugar e lhes demos carta de naturalização. A introdução de outras pode ser diferida até a época em que o acréscimo da população e da indústria favoreçam a sua cultura e a saída dos seus produtos. Finalmente, uma grande porção de vegetais que somente subministram prazeres à vista, ou fenômenos à curiosidade dos admiradores da natureza, e que, portanto, nunca deverão passar dos jardins científicos do governo e chácaras de luxo, pode esperar até que tudo quanto for de utilidade real e rendosa esteja em plena marcha. Destes últimos falaremos mui de leve; porém, dos que pertencerem às duas primeiras categorias, havemos de tratar com tanto esmero como o faríamos se já fossem cultivados, persuadidos que cada artigo abre para o lavrador uma nova mina preferível a qualquer aurífera. A consideração do maior proveito, e urgência da admissão das culturas, determinará a sua classificação.

CHÁ — *Thea. L. (Polyandria Monogynia)*, da família das cameliáceas. De todas as culturas que podem enriquecer a agronomia brasileira, a do chá parece-nos a mais interessante, em razão da grande extração que este gênero adquiriu e continua a adquirir entre os povos civilizados, enquanto que o monopólio ainda existe nas mãos dos chinas que não entregam ao comércio europeu senão as qualidades inferiores, reservando a infinitamente mais esquisita da colheita dos botões tenros e folhinhas para o paladar dos seus imperadores e mandarins, circunstância decisiva a favor do povo que, em clima e terrenos convenientes, empreender a cultura do chá.

O governo português, inteirado da importância dessa cultura, tinha mandado vir com extraordinário desembolso uma colônia de chinas cultivadores do chá, com sementes e novelos deste vegetal interessante, e fizeram-se vários ensaios, tanto em Santa Cruz como no Jardim Botânico.[1] Essa empresa teve a sorte de outras muitas: o desleixo, a inveja do partido português e indiferença dos ministérios que sucederam àquele que fez o ensaio paralisaram os bons resultados que já deveria ter dado. Poucos desses chinas sobrevivem, e esses ganham a sua vida a mascatear, e nem o governo nem os particulares têm encetado em grande* a cultura do rico arbusto que não merecia semelhante abandono; todavia os viveiros do Jardim Botânico tomaram alguma extensão, e no ano de 1828 os seus produtos foram afoitamente expostos à venda no Rio de Janeiro, à porfia com os fornecidos pelo tráfico asiático; porém, uma circunstância, estranha à cultura e preparação, comunicara ao chá um cheiro de verniz que o desacreditou.

Todavia, este fato deve animar os lavradores à cultura do chá. Sua lavoura é simples e pouco custosa, assemelhando-se muito, pelos cuidados que exige, terrenos de que gosta, e ordem da sua plantação, à do café. Não haverá dificuldade nenhuma em obter pés e sementes, pois que no Jardim Botânico se dão a todos que aí os mandam buscar.

O chá, bem como o café, cresce devagar; carece de seis

---

§⏎| * Desde que se escreveu este capítulo, devemos confessar que a cultura do chá grassou ainda que timidamente, e que a nação está nessa disposição favorável a qualquer inovação, quando os ensaios já feitos favoneiam as esperanças e desvanecem os prejuízos.

Capítulo 11

ou sete anos para chegar à altura de um homem, meta do seu crescimento; mas na idade de três anos principia a dar colheitas. Na idade de oito ou dez anos recepa-se rente do chão, e os galhos que brotam dão no fim do ano ampla colheita.

O chá pode-se plantar em tabuleiros, e serve também para bordar os caminhos e roçados. Em distância de uma braça fazem-se covas, nas quais se deitam algumas sementes. O pé mais vigoroso fica senhor do lugar, e os outros deitam-se fora ou são plantados em outra parte.

Esta planta carece tanto de limpeza como outra qualquer, e para o futuro não repetiremos estes preceitos universais, pois que já dissemos a este respeito tudo quanto é necessário dizer.

Os chinas e japoneses costumam fazer três colheitas das folhas do chá. A primeira no princípio da primavera, quando o arbusto desenvolve ainda poucas folhas, e que estas contam apenas três ou quatro dias. Nessa época são mui pequenas, moles, pegajosas, e dão o melhor chá, reservado para a boca do imperador e dos magnatas, e chamado por essa razão *chá imperial* e *flor do chá*.

A segunda colheita faz-se um mês depois. As folhas estão então maiores; porém, ainda conservam o seu sabor, havendo algumas alcançado todo o seu tamanho, enquanto outras ainda têm que crescer; por isso separam-se por qualidades antes de se torrarem.

Passado outro mês, tem lugar a terceira colheita; tiram-se misturadamente as folhas, porém separam-se ao depois em três sortes conforme o seu estado de delicadeza e conservação.

Os mesmos chinas preparam o chá de vários modos. O mais usual é de torrar as folhas em cima de chapas de cobre, e de enrolá-las com as mãos em cima de esteiras. Por esta operação larga a folha um sumo amarelado, tão asqueroso, que quase causa um ardor insuportável às mãos dos operários. Repete-se a operação umas poucas de vezes, chegando em certas ocasiões até sete. A delicadeza da manutenção consiste em graduar o fogo, de forma que as folhas conservem uma cor esverdeada agradável à vista.

As folhinhas de primor são submergidas em água quente e dessecadas em cima de papelões, a sua tenuidade não permite que se enrolem.

As folhas mais grosseiras para uso do povo miúdo não recebem preparações tão esquisitas; contentam-se com torrá-las dentro de tachos e panelas.

No fim de alguns meses, o chá resseca-se novamente em

Capítulo 11

cima das mesmas chapas, a um fogo muito lento para esgotar o resto da umidade que possa ter conservado. Guarda-se então em caixões de estanho bruto cobertos de caixas de pinho; e desta forma o recebe o comércio europeu.

[...]

CACAU. *Theobroma cacao L.** (*Polyadelphia Pentandria*), da família das bitneriáceas. Os matos do Brasil, riquíssimos em tesouros vegetais, possuem grande porção de cacauzeiros-silvestres,[2] *Theobroma sylvestre* (*Martins*), cuja fruta até se exporta algumas vezes, e entra, segundo ouvimos dizer, na composição do guaraná do qual os índios têm o segredo. Desde a conquista de Caiena, o cacauzeiro cultivado foi introduzido no Pará, Maranhão e nas capitais de outras províncias, porém somente os paraenses se aplicaram à sua cultura em grande, e exportam alguma porção deste preciosíssimo produto que merece, por seu preço e facilidade de cultura, que todas as províncias de vegetação perene a adotem com atividade.

O cacauzeiro é uma árvore americana, do tamanho da laranjeira, pouco mais ou menos; gosta de um terreno fundo, ligeiro, abundante em sucos e untuoso; receia-se dos

---

| * Manjar dos deuses.

ventos violentos e furacões, e portanto deve ser plantado nas vargens abrigadas, grotões e fraldas de declive suave opostos ao rumo das virações.

As amêndoas de cacau semeiam-se em covas em xadrez, distantes de quatro braças umas das outras, e delineadas a cordel. Cada cova recebe três ou quatro sementes, e conserva-se no terreno o novelho mais vigoroso, os outros são arrancados ou vão preencher as falhas. É escusado lembrar que todas as culturas de gêneros comestíveis e mesmo a do algodão têm lugar nos intervalos enquanto os cacauzeiros estão ainda pequenos.

A primeira colheita do cacau tem lugar no terceiro ano, se bem que desde o segundo se desenvolvam flores, mas estas devem ser tiradas para não cansar os jovens indivíduos.

As nozes ou cocos de cacau, quando maduras, são de cor amarela. Os negros os colhem à mão ou com forquilhas, e as amontoam no chão; passados três ou quatro dias, quebram-se as cascas e tiram-se as amêndoas, que se limpam da polpa mucilaginosa que as rodeia; estas são postas quatro ou cinco dias a fermentar em cestos, tonéis ou caixões, que se cobrem com esteiras ou folhas de bananeiras-do-mato (*Heliconias*), seguras por tábuas carregadas de pedras, tendo cuidado de se remexerem todas as manhãs. Esta manutenção, de brancas que eram, torna-as de um encarnado escuro. Neste estado, é preciso secá-las quanto antes ao sol, para ao depois encaixotá-las ou ensacá-las para as guardar em lugar seco, até a ocasião da venda.

O modo de conservar vinte ou trinta anos a fio os cacauzeiros em bom estado é de cavar anualmente a terra ao redor, depois de os ter limpado da lenha seca, ramos quebrados etc.

Cada cacauzeiro, quando em pleno produto, não dá menos de duas libras de amêndoas, calculando-se um por outro, e vinte pretos podem tratar de 40 ou 50 mil pés.

O cacau-de-caracas se vende por dobrado preço de qualquer outro, sem excetuar o de S. Domingos, que goza de grande estimação. Se esta superioridade é devida à espécie, o governo não deve poupar desvelos nem despesas para alcançar a semente; se depende da influência das localidades, talvez que na grande diversidade dos terrenos brasileiros se ache algum que comunique àquele produto as virtudes que lhe dão tanto realce.*

A amêndoa do cacau é a substância vegetal mais oleosa

---

* A inferioridade do cacau do Brasil é antes devida ao mau costume de deixar as amêndoas fermentar, amontoadas nos terreiros. O terreno que se conhece; este óleo, que jamais fica rançoso, congela-se em uma gordura de cor alva chamada manteiga de cacau, que pode suprir muito bem qualquer outro tempero gordurento ou oleaginoso; enfim, a geral adoção da cultura do cacau teria os resultados mais felizes para nossa agricultura.

Todos sabem que a amêndoa do cacau faz a base da preparação comestível chamada chocolate, tão usada na Europa, por gostosa, saudável e nutritiva. A arte de preparar o chocolate ocupa grande número de oficiais privativos, e já entre nós temos algumas oficinas que, por falta de produtos nacionais, são obrigadas a recorrerem ao comércio, de forma que importam aquilo mesmo que deveríamos exportar.

PIMENTA-DO-REINO OU DA-ÍNDIA. *Piper nigrum L. (Diandria Monogynia)*. A planta, cujo nome indica que de Portugal vinha a sua fruta, está naturalizada no Brasil desde a conquista de Caiena; e, para dar avultados lucros, não espera senão que a cultivem em grande. Já no Maranhão e Pará encetaram importantes roças dela. Pernambuco e Bahia se pre-

umedecido lhes comunica certo gosto térreo; e muitas vezes, sem serem bem ressecadas, em vez de as ensacar ou encaixotar, embarcam-nas a granel no porão das embarcações, onde sofrem nova fermentação. (Nota de L. Riedel.)

Capítulo 11

param a seguir o mesmo exemplo, e convidamos todas as províncias intertrópicas a não ficarem meras espectadoras de semelhantes ensaios.

A pimenta asiática é um cipó ou planta sarmentosa que carece que lhe dêem apoios. Ela se multiplica por estacas, ou semeiam-se os bagos em xadrez à distância de uma braça. Os terrenos úmidos de barro avermelhado convêm-lhe com especialidade. O bago verde no princípio, vermelho quando maduro, toma com a dessecação aquele aspecto rugoso e escuro, debaixo do qual entra no comércio.

Nos tempos mais antigos, a pimenta foi muito estimada como condimento, e os gregos e romanos a recebiam da Índia. Quando os portugueses descobriram o caminho por mar para a Índia, monopolizaram este gênero, cujo comércio passou ao depois às mãos dos holandeses. Hoje o novo continente põe-se em estado de disputar à Índia um ramo tão lucrativo.

A pimenta-branca obtém-se da pimenta-da-índia, pela maceração dos bagos na água do mar. A casaca exterior, ao umedecer, abre-se e cai com facilidade; a pimenta-branca fica mais suave e delicada sem ser menos aromática.

ANIL. *Indigofera anil L.* (*Diadelphia Decandria*), da família das leguminosas. O anil tem sido cultivado vantajosamente no Brasil, e ainda no comércio da Europa existem alguns lotes do anil da Bahia. A razão por que esta cultura foi, por assim dizer, abandonada não chegou ao nosso conhecimento. Julgamos que um lavrador inteligente a poderia fazer reviver com tanta maior vantagem que a planta nasce espontaneamente no Brasil, e vinga no meio de todas as roças, e que desde o primeiro ano a colheita vem indenizar o agricultor dos seus desvelos.

O anil semeia-se em roçados limpos e cavados à moda do feijão. Limpezas amiudadas são necessárias para que prospere.

Corta-se o anil no cabo de dois meses até dois e meio ou três, conforme a vegetação, no momento em que se prepara a deitar a flor. Três tinas ou tanques são precisos para sua manutenção.

Estes tanques de madeira, ou tinas de tabuado grosso, se dispõem de forma que possam vazar de um para outro até o terceiro, que deita a sua água fora. Um rancho ou telheiro torna-se necessário para proteger este terno.

A tina, ou tanque superior, deve ser de dobrada capacidade do que os outros dois vasos: ela recebe a folha com ramos e hásteas, que devem ali apodrecer ou fermentar em

água. O tempo necessário para essa fermentação não se pode determinar exatamente senão por uma longa experiência. Se a folha se demorasse demais, o anil sairia escuro em
demasia. Basta que abandone uma flor pulverulenta que
cobre todas as partes do vegetal para que a fermentação es-
pirituosa esteja estabelecida.

Neste ponto, toda a água do primeiro tanque se vaza
no segundo, onde, por meio de instrumentos próprios, ba-
tem-na até o mestre da obra determinar que cessem. Esse
instante depende de várias circunstâncias, que só a rotina
pode indicar.

Quando o mestre acha que a água está suficientemente
batida, deixam-na descansar três ou quatro horas, e por via
de três ou quatro chaves dispostas na altura, fazem-na escor-
rer por camadas, principiando de cima e continuando a abrir
as chaves enquanto a água corre limpa, até que todo o anil
fique no fundo da segunda tina, formando uma espécie de
papa. A terceira tina, a mais pequena de todas, tem um vão
para dar saída à água à proporção que esta vai caindo da segunda, enquanto corre limpa e sem partículas de cor, e ha-
vendo-as, conserva-se na tina enquanto as deposita.

Quando o anil está bem assentado, recolhe-se em sacas

de quase dois palmos de comprido e um de largo, as quais se dependuram para secar.

BAUNILHA. *Vanilla aromatica (swartz)*. *Epidendum vanilla L. (Gynandria Monandria)*, da família das orquidáceas. Este engraçado cipó, que dá talvez o mais delicioso dos perfumes, cresce espontaneamente em todos os matos do Brasil, e, de quando em quando, pequenas porções apanhadas à toa têm-se achado à venda nas cidades comerciais. Porém, a espécie indígena do Brasil aproxima-se muito à conhecida pelos botanistas debaixo da frase latina *vanilla flore viridi et albo fructu nigricante*[3] (se bem que esta seja privada de todo o cheiro enquanto a nossa o tem muito delicioso e notável), enquanto a verdadeira baunilha do comércio é a do México, *Vanilla sativa*, cujas flores de um encarnado carregado são substituídas por bagens, que exalam um cheiro sumamente agradável. Estas bagens têm seis ou sete polegadas de comprimento e perto de quatro linhas de largura, um lado algum tanto mais chato, a cor pardo-escura, dividindo-se em duas válvulas, das quais uma, que excede à outra em largura, tem uma espinha longitudinal, a qual dá à bagem um aspecto triangular. A pulpa de cor parda encerra uma imensidade de grãos mui pequeninos, negros e brilhantes.

Capítulo 11

As bagens de baunilha são divididas no comércio em três classes.*

A primeira se chama pompona, abrange as bagens mais curtas e inchadas.

A segunda, chamada de lei, compridas e delgadas.

A terceira, chamada cimarona[4] ou bastarda, diminutas em todas as dimensões.

A segunda classe é a legítima e corrente, a terceira é a mais inferior.

Depois de colhidas à mão as bagens de baunilha, operação que se deve fazer antes que estejam maduras, porque então abrem, são postas a secar durante quinze dias para perder a umidade supérflua, e depois untadas com óleo de mamona palma-cristi, ou com o óleo que se exprime da noz do caju, *Anacardium*. O maço de cinqüenta bagens de baunilha de lei deve pesar ao menos cinco onças, pesando oito

---

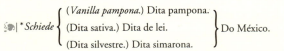

* *Schiede* { (*Vanilla pampona*.) Dita pampona. (Dita sativa.) Dita de lei. (Dita silvestre.) Dita simarona. } Do México.

A baunilha das províncias do Norte não seria inferior à do México se fosse bem cultivada. (Nota de L. Riedel.)

é qualidade superfina, e é por isso que os espanhóis a particularizam *sobre buena.*

A baunilha se multiplica por estacas, as quais, como carnosas, podem se conservar uns poucos de meses sem perder a faculdade vegetativa. Aliás esta planta, bem como os outros cipós, pede que lhe dêem um tutor, o qual deve ser alguma árvore frondosa, e que gosta de umidade, sendo a baunilha exclusiva para tais terrenos e por sombra.

Ligando-se a estas observações, o lavrador brasileiro verá os seus desvelos coroados por uma rica colheita, cujo preço excede o de qualquer outro produto vegetal. Mas é preciso que o governo dê os primeiros passos para mandar vir a todo o custo a espécie mexicana.

COCHONILHA. *Coccus cacti, L.* Inseto da ordem dos hemípteros, vulgarmente chamado piolho-do-cardo.

A cochonilha foi outrora cultivada, ou por melhor dizer apanhada no Brasil e nas vizinhanças do Rio de Janeiro, no distrito de Cabo Frio. O governo tinha-se reservado o contrato e a pagava aos lavradores; porém estes, para aumentar os seus lucros, misturaram grãos de farinha nos lotes, e o comércio repudiou o gênero adulterado. A primeira condição das transações comerciais é a boa-fé. O interesse bem entendido não exige menos imperiosamente do que a moral que a probidade presida a todas as relações sociais, e os lucros surrupiados por artifícios hão de sempre ser efêmeros.

Todavia, o Brasil não é menos do que o México a terra natalícia da cochonilha ou *Coccus*. O *Cactus cochenillofer*, e *Cactus opuntia*, vulgarmente cardos, e outros muitos cáctus igualmente aptos à criação da cochonilha, crescem espontaneamente, e nunca vegetam melhor do que nos areais, nas catingas, nos agrestes, de forma que esta cultura tornaria rendosos certos lugares que hoje nem os mesmos gados freqüentam.

CARDO. *Opuntia vulgaris. O. cochenillifera L.* (*Icosandria Monogynia*), da família das cactáceas. Em cima deste vegetal, e de algumas espécies mui parecidas com estas, é que a cochonilha se cria. A cultura e propagação da planta é das mais fáceis: basta conservá-la limpa de outros vegetais, e para a reprodução, picar no chão porções de ramos que se põem a secar até as feridas do corte fecharem. Do México vem hoje toda a cochonilha do comércio, que distingue duas qualidades deste gênero, a cochonilha cultivada chamada *misteque*, por vir a maior parte dessa da província mexicana, e a outra chamada *silvestre*, por se apanhar sobre os cardos que nascem naturalmente.

Os indígenas do México são os principais lavradores. Cercam as suas habitações de cardos que plantam; este vegetal cresce rapidamente, e no fim de dezoito meses está apto para nutrir a cochonilha, porém é bom renovar a plantação de seis em seis anos, porque o inseto prospera melhor sobre os pés novos.

A criação da cochonilha consiste em dispor no centro de cada pé de cardo um ninho de cochonilhas. Estes ninhos constam de umas folhas de cardos guardados da última colheita, durante a estação chuvosa que destrói os insetos; nelas se conservam as mães, que cada uma *de per se* larga milheiros de ovos. Os ninhos devem ser seguros com os espinhos, e virados da banda do sol para que os filhos nasçam depressa. Estes brevemente aparecem do tamanho de uma pontinha de alfinete, de cor vermelha, e cobertos de uma poeira esbranquiçada, e não tardam em se espalhar sobre as folhas, nas quais fincam a tromba. Qualquer acontecimento que os desassossegue faz romper esta, e o inseto perece.

As fêmeas vivem dois meses, os machos um mês. Ambos passam dez dias no estado de larva, quinze no de crisálida, no fim dos quais os insetos perfeitos se apresentam, os machos com asas e as fêmeas de dobrado siso, somente com a

Capítulo 11

pele mudada. Aqueles castiçam e morrem; estas sobrevivem um mês enquanto aumentam de volume, parem e morrem.

No decurso de um ano estes insetos fazem seis gerações, porém as colheitas se limitam a três. A primeira, das mães dos ninhos que pereceram; a segunda, das filhas destas, ainda vivas depois que pariram; a terceira de toda a casta existente, menos as mães que guardam nos ninhos. A colheita é feita com folhas de madeira, chatas e rombas.

Os índios, para matarem as cochonilhas, as mergulham dentro de cestinhos, em caldeirões d'água a ferver, e logo depois as põem ao sol para secarem. Por esta operação grande porção da poeira branca fica diluída e o grão fica de cor pardo-avermelhada; chamam essa sorte em espanhol *renegrida*; outros a matam em fornos ou sobre chapas de metal: estes métodos são inferiores. A cochonilha que dá o primeiro fica cinzenta e se chama *jarpeada*. O último a torna negra, e é o nome que lhe dão.

A cochonilha silvestre colhe-se e prepara-se do mesmo modo que a cultivada. Aquela é de tamanho mais diminuto, e menor peso do que a cultivada, se bem que a colheita seja mais abundante e mais fácil, razão por que os mesmos índios algumas vezes a propagam da mesma forma que a outra.

De quando em quando os mineiros trazem pequenas

porções da dita, e de uma espécie cujas qualidades são as mesmas. Esta cultura, que subministra um gênero de tanto valor em tão pequeno volume, convém muito às nossas províncias centrais, que, por causa dos abomináveis meios de comunicação, têm tanta dificuldade para conduzirem os seus produtos.

As chuvas, vários insetos, sobretudo os furacões, são no México inimigos terríveis para a cochonilha. O Brasil é também de quando em quando castigado por invernadas, mas a modo que comparavelmente abrandam muito da sua fúria nos nossos abençoados campos, e que nossos lavradores não se devem recear muito deles.

CANELA. *Laurus cinnamomumfica* bem como o *L.* (*Enneandria Monogynia*), da família das lauráceas e gênero *Laurus.* Os holandeses quase que conseguiram ficar com o monopólio da canela e do cravo, conquistando sobre os portugueses por um lado as Molucas, que produzem exclusivamente o cravo, e por outra parte a ilha de Ceylon ou Ceylan, única fértil em canela; e depois de senhorearem a dita ilha, apoderaram-se semelhantemente do reino de Cochim,[5] para lhe tirar o comércio da canela *portuguesa, silvestre* ou *escura*; sendo o primeiro cuidado dos conquistadores o arrancar todos os caneleiros.

188

Capítulo 11

Toda a porção de canela que os holandeses vendiam ao mundo colhe-se em uma beira-mar de catorze léguas de comprimento na ilha de Ceylan. Eles levavam a precaução a ponto de extirparem periodicamente os caneleiros que surgiam espontaneamente naquele distrito, além do número determinado; mas este monopólio brevemente cessou, visto que as árvores que produzem estas especiarias já existem nas colônias francesas de ambos os hemisférios, na ilha de França,[6] em Caiena, nas Antilhas e em todos os domínios entretropicais da Inglaterra [...].

A conquista de Caiena deu ao Brasil este preciosíssimo vegetal, bem como outros muitos; a caneleira de Caiena, hoje nossa, dá uma das melhores sortes de canela do comércio.

Na Índia, a colheita da canela se faz duas vezes por ano. O modo é de cortar os ramos de três anos e raspar a casca exterior; finda esta operação, a segunda casca abre-se longitudinalmente, e despega-se pouco a pouco da lenha; as cascas miúdas encaixam-se nas maiores, e os embrulhos põem-se a secar ao sol.*

A caneleira dá em qualquer terreno, e nasce igualmen-

| * Outro método. Tire-se a casca, ponha-se uma dentro da outra, e só depois de 24 a trinta horas, quando houver havido uma espécie de fer-

te de sementes ou de estacas. Os pés devem se pôr a meia braça de distância um do outro. No cabo de dois ou três anos eles dão um só galho de dez ou doze pés de altura, o qual, para se tirar a canela, corta-se na altura de três palmos do chão. Dos troncos brotam brevemente novos galhos bons, no fim de um ano, a se deceparem, de forma que as caneleiras tomam pouco a pouco a figura dos salgueiros da Europa, sendo necessário aclarar a plantação à proporção que os indivíduos vão engrossando.

A canela se divide em três sortes relativamente à figura e qualidade. A melhor deve ser miúda, algum tanto elástica, da espessura de uma carta de jogar, de cor amarelada e de sabor suave, aromática e algum tanto picante.

Depois de seca a canela, guarda-se em lugares secos e arejados aonde a dessecação se aperfeiçoa. Para a entregar ao comércio, cortam-na em varas de três a quatro pés que se ajuntam em fardos de duas ou três arrobas. Cada fardo é embrulhado em baetas; os tais fardos se carregam nos luga-

---

mentação, raspe-se a casca superior do líber, enrolem-se novamente as porções umas dentro das outras e ponha-se ao sol.

Raspar-se a casca exterior antes que tenha havido fermentação é costume paraense. (Nota de L. Riedel.)

res mais abrigados das embarcações, e os intervalos dos fardos são recheados com pimenta, que contribui para a boa conservação do gênero, absorvendo toda a umidade.

Caixas de madeira ou esteiras poderiam muito bem suprir o lugar da baeta, bem como, em vez da pimenta, servia bem a mesma folha da caneleira seca e pisada, ou qualquer enchimento idêntico.

A caneleira, quando a abandonam à sua natureza, é uma árvore semelhante a qualquer outra com seus ramos e ramificação. De todas as sortes a mais inferior se tira dessas árvores.

ALCANFOREIRA. *Laurus camphora L.* (*Enneadria Monogynia*), da família das lauráceas. Se mencionamos aqui a cultura desta árvore, não é por considerá-la como da importância daquelas que é preciso adotar imediatamente, mas por pertencer à mesma família, e até por estar já naturalizada entre nós, e se achar ao alcance do lavrador que quereria fazer algum ensaio sobre os lucros a obter da dita cultura.

Aliás este ensaio, como qualquer outro, pede para seu bom êxito que o lavrador se sujeite a certas regras já por nós lembradas, mas cuja importância desculpa a repetição, e vem a ser que jamais ele empreenda uma inovação sem primeiro ter-se cercado de todos os meios e de todas as luzes que lhe dizem respeito, v. g. os tratados e obras que lhe será possível comprar, os instrumentos, melhores sementes ou novilhos. Além de que será sempre prudente obrar em pequeno no princípio, para se certificar de quantos são os lances favoráveis primeiro que se arrisque na empresa uma porção do capital.

A alcanforeira é indígena no Japão, China e Conchinchina. Toda a árvore, principalmente as folhas e ramos, contém um óleo que, pela influência do ar, do calor e da umidade, é elaborado até tomar a consistência e natureza do alcanfor.

Os chinas e japoneses picam em pedaços miúdos as raízes, paus, ramos e folhas, e enchem um lambique de ferro coberto de uma tampa de barro, com um feixe de palhas de arroz ou juncos fincados perpendicularmente no centro. Um calor moderado volatiliza o alcanfor, que fica sublimado na palha da tampa, e assim aparece no comércio, sujo, cheio de palha e de lixo; o alcanfor das boticas é refinado.

A alcanforeira dá-se bem no nosso Brasil, principalmente nas províncias elevadas e montanhosas, onde as estações de secas e chuvas são mais pronunciadas. Um barro grumoso até arenoso é o fundo que melhor lhe convém.

ALCANFOREIRA DE SUMATRA E BORNÉU. *Dryobalanops aromatica. Gaertner* (*Polyandria Monogynia*), da família das dipterocarpáceas. É uma árvore alta, faz-se no meio do tronco uma incisão até perto da medula, fura-se um buraquinho até no centro, donde corre o óleo, derruba-se depois o tronco, e abrindo-o, acha-se o alcanfor cristalizado e misturado com o óleo alcanforado.

CRAVO. *Caryophillus aromaticus L.* (*Polyandria Monogynia*), da família das mirtáceas. O cravo, como já o vimos, sofrera a sorte da canela. Os holandeses arrancaram todos os craveiros das Molucas, menos os da ilha de Amboina,[7] aonde o haviam encontrado, tanto para segurar o monopólio como para sustentar a sua estimação no giro, de forma que a paixão do lucro os tornou mais exclusivos do que os mesmos inquisidores; aliás tantas precauções não obstaram a que os franceses passassem mão em gêneros tão guardados, e os não naturalizassem nas suas colônias de Caiena. O cravo foi transportado, com outros muitos vegetais, nos jardins botânicos do Brasil e, de todas as vantagens da conquista, esta é a única que, em vez de fenecer, vai de dia em dia aumentando em valor e estimação, e talvez mui proximamente contribua grandiosamente à riqueza e prosperidade nacional.

Os craveiros são árvores delicadas que receiam do vento, do sol e da chuva. Eles gostam de terreno fundo, forte e úmido, e dão-se bem com a sombra de algumas árvores de maior porte e folhagem rara, qual a dos coqueiros, palmeiras etc. A multiplicação se pode efetuar por sementeiras ou estacas.

A colheita principia no cabo do terceiro, quarto ou quinto ano. Poucas pessoas ignoram que o produto consta dos botões das flores, colhidos no momento em que os pétalos já avermelhados ainda não abriram, formando como uma espécie de carapuça ou de cabeça de prego. Sacodem-se os ramos com varinhas ou canas, e os ditos botões caem sobre panos, esteiras ou sobre o chão limpo. Esses botões vão depois secar ao sol, à fumaça ou dentro de estufa. É o último preferível aos outros por ser aquele que melhor conserva o óleo essencial do cravo.

Cinco mil cravos secos são precisos para inteirar uma libra, produto razoável que se deve esperar de uma cultura em ponto grande por cada pé; os botões que escapam dão uma fruta do tamanho de uma amêndoa, cheia de uma gema dura e escura, de sabor muito aromático: estes servem para a reprodução ou para se sazonar com açúcar, sendo muito estomacais e antiescorbúticos.

Das propriedades do cravo e do óleo essencial não precisamos falar, que os usos são já vulgares.

NOZ-MOSCADA — MOSCADEIRA. *Myristica. L. Myristica aromatica* (*Lamark*) *Myristica moschata Thunberg.* (*Monogynia Octandria*) da família das miristicáceas. Poucas árvores dessas temos no Jardim da Lagoa de Freitas, chamado Jardim Botânico. As árvores são viçosas, porém poucas frutas produziram até agora. A propagação parece difícil ou ignorada. O clima é próprio.

Os matos do Brasil nos fornecem árvores das famílias das lauráceas e das miristicáceas, cujas frutas não são muito inferiores nem pelo aroma, nem pelo óleo, às da noz-moscada da Índia.

A moscadeira é uma árvore cultivada nas Molucas, ilha de França e Sumatra. Sendo a fruta madura, rebenta o pericárpio, debaixo do qual se acha um arilo muito lacerado (macis). Colhem-se as nozes ou sementes duas até três vezes por ano (agosto, dezembro, abril), as da terceira e última colheita são as melhores: secam-nas ao sol ou à fumaça, e deitam-nas em água calcária, para preservá-las dos insetos. A semente, o arilo (macis) e o óleo são muito conhecidos nas farmácias e na arte culinária.

URUCUEIRA. *Bixa orellana L.* (*Polyandria Monogynia*),

da família das bixáceas, arbusto bem comum no Brasil e em toda a América Meridional e Índia. Os índios do Brasil untam-se de urucu, uns a cabeça, outros várias partes do corpo, para enfeite ou para se preservarem das mordidelas dos mosquitos. A cultura da urucueira e fabrico da tinta chamada urucu foram usuais no Brasil, e ignorámos a razão que os fez abandonar. Há pouco tempo que um lavrador a encetou outra vez, pedindo, por via dos jornais, algumas arrobas de semente.

O arbusto é de fácil vegetação, dando-se mormente bem em fundos úmidos. As cápsulas se colhem com toda a facilidade, decepando-se as pontas dos ramos.

O método de preparar a tinta não é muito complicado. Todos sabem que a película (arilo) avermelhada que cobre as sementes é a única porção da planta que contém a cor. Portanto, abrem-se as cápsulas, despegam-se as sementes, as quais são atiradas em gamelas cheias de água, socadas e amassadas, para que a matéria colorante se dissolva; passados alguns dias de maceração, a água se escoa em peneiras de cipós ou urumbebas finas para a separar do detrito das sementes, ficando a tal água a descansar durante oito ou dez dias, findos os quais ela se escoa em peneiras de panos, em cima das quais a tinta fica. A esta dá-se uma fervura e logo depois põe-na a secar em caixões e à sombra.

ÓPIO — DORMIDEIRA. *Papaver somniferum L.* (*Polyandria Monogynia*), da família das papaveráceas. Esta substância tão conhecida, cujo tráfico faz uma das riquezas da Ásia, poderia certamente acrescentar-se à massa dos produtos brasileiros, e com tanta maior vantagem, que a dormideira reúne dois preciosíssimos gêneros, e mui diferentes no pequeno espaço que as cápsulas ou cabeças ocupam, pois que a incisão das mesmas cabeças, quando ainda verdes, deixa lagrimar o ópio, enquanto as sementes, quando maduras, dão por expressão um óleo próximo por suas qualidades ao mesmo azeite, e do qual o abade Rozier no seu *Curso alfabético de agricultura*[8] fala nos seguintes termos:

Este óleo de cor loura, transparente e de sabor agradável, é um dos melhores que se extraem de amêndoas, sendo mui adequado à preparação e tempero dos alimentos crus ou cozidos, bem como à pintura. Quando preparado com cuidado e guardado em lugar fresco sem ser mexido, ele se conserva sem ranço a par do azeite, com o qual não raras vezes o misturam até com benefício deste, tirando-lhe certo saibro forte e picante que tem às vezes; enfim, depois do azeite superior, o óleo papaveráceo é preferível para a cozinha e mesa; seu único defeito é de não servir para luzes.

Os europeus, especialmente os setentrionais, cultivam o *Papaver somniferum* somente para este óleo, e para vender algumas cabeças maiores aos boticários que deles extraem várias bebidas calmantes e soporíficas, e o famoso xarope diacódio, pois que fica reservado ao calor das regiões quentes a coação, e elaboração do suco da planta, a ponto de formar o ópio.

O Brasil, podendo reunir as duas utilidades, decerto tiraria não pequenas vantagens de uma cultura que, suprindo à mesa com um óleo excelente, às oficinas do pintor com o veículo superior das tintas, e às boticas com um gênero custoso a par de indispensável, o eximiria dos grandes tributos que paga à importação estrangeira para satisfação destas três precisões de primeira ordem entre um povo civilizado.

A cultura do *Papaver somniferum* é simples; semeia-se à toa, na estação chuvosa, em campos preparados à moda ordinária, bem entendido que as limpas e rareficações, a ponto de ficar cada indivíduo à distância de um pé dos outros, não se podem dispensar; quatro ou cinco meses bastam para as fases de sua vegetação. No momento da floreação a ro-

Capítulo 11

ça apresenta o aspecto do mais rico e brilhante jardim matizado de soberbas flores; estas passam, as cápsulas verdes lhes sucedem; pouco tempo antes que estas mudem a cor para o pardo verde da madurez, os persas e os asiáticos principiam a colheita do ópio. Armados de um canivete de cinco pontas, eles abrem de um golpe cinco riscas diagonais em um dos lados de cada cabeça, na manhã seguinte eles recolhem as lágrimas provindas do suco leitoso que se coagulou, e no lado oposto abrem outras tantas riscas, cujo produto é a colheita da próxima manhã. Algumas vezes tira-se terceira colheita, mas esta inferior; outro tanto diremos do ópio que se extrai da socagem de todas as partes do vegetal.

Depois de colhido o ópio desfaz-se em pequena porção de mel ou de água, com a qual o remexem dentro de uma gamelinha com uma colherinha de pau, até que tenha tomado a consistência, viscosidade e luzimento do pez bem preparado; amassam-no ao depois com as mãos, acabando com formar dele pães ou cilindros do peso de meia libra até uma, que chegam à Europa embrulhados em folhas do mesmo vegetal.

Há dois métodos de recolher as sementes. O primeiro é de cortar as cápsulas quando maduras, conservando-as direitas para não perder os grãozinhos, que se vazam em casa em sacos. O segundo é de sacudir sobre panos as ditas cápsulas, sem as cortarem, e finda que seja a operação de arrancar a planta que se reúne em feixe com as já arrancadas, os feixes conservados em pé expõem-se dois ou três dias ao sol para ultimar a madurez dos grãos tardonhos, os quais se reúnem aos outros.

O óleo das sementes se extrai por meio de prensas.

SEDA-AMOREIRA. *Morus alba* e *Morus nigra L.* (*Monoecia Tetrandria*), da família das urtíceas.[9] A amoreira, originária da Índia, dá-se maravilhosamente bem no Brasil, e quem viu a linda plantação que delas existia no campo de Santana, hoje campo da Aclamação,[10] não hesitaria afirmar que a criação do bicho-da-seda não custaria grandes trabalhos para nos abastecer do riquíssimo gênero que produz, e talvez vermos o mesmo espetáculo que a China oferece, a saber: as amoreiras ornadas com os foles do bicho, que viverá à sua moda em cima das mesmas folhas, sem precisar de todos os cuidados e custosíssimos arranjos a que obriga os seus educadores na fria Europa.

Aliás antes que um lavrador se aplique a esta indústria será bom, como para qualquer inovação, que faça ensaios em ponto pequeno. O que o governo fez no campo da Aclamação somente serve para certificar o bom comportamento da árvore, mas não do bicho; confessamos aqui que jamais poderia haver lembrança mais infeliz do que este ensaio de cultura delicada em largo tão pisado pelo povo, e castigado do sol e da poeira; porém uma vez que as árvores haviam brotado com tanta força e viçosidade, era bem escusado aniquilá-las, e quando a cobiça particular requereu que se lhe destruíssem as esperanças, podiam elas ficarem para ornamento da praça e refrigério dos caminhantes em uma cidade aonde nem uma só árvore nos lugares públicos presta sua sombra e frondosa decoração, isto basta para a advertência em matéria que não diz senão casualmente com o nosso assunto.

[...]

VIDE. *Vitis vinifera L.* (*Pentandria Monogynia*), da família das ampelídeas[11] ou sarmentáceas. Eis o vegetal mais engraçado do universo: sua saboríssima fruta faz as delícias das mesas, e o seu sumo fermentado tem sido a todas as épocas a bebida mais bem aceita dos homens, tendo juntamente mil propriedades boas, tanto para fortificar o corpo nos trabalhos, como para sustentar o espírito nas dificuldades; sendo o mais eficaz consolador das penas, e o promotor mais pronto da alegria e do entusiasmo. O vinho, tomado com moderação, é um bálsamo que conserva o bom equilíbrio dos humores, dá tom à fibra, e subministra ao homem civilizado a superabundância de espíritos vitais que o complicado estado social em que se exercita exige acima dos necessários para a singela vida natural.

O Brasil hospeda a vide com a mesma carícia e fartura do que aos mais vegetais, mas até agora, contente com a fruta, ele se não lembrou de fabricar o abençoado vinho que a Europa lhe manda em assaz abundância, não talvez porque este fabrico não lhe fosse fácil, mas porque o sistema colonial proibia semelhante melhoramento e desassujeição da Metrópole, não tendo havido desde então bastante emulação e jato, seja no governo, seja nos particulares, para que sobressaiam resultados ostensíveis de esforço algum em qualquer ramo de indústria agrícola ou industrial.

Entretanto alguns ensaios particulares têm havido que comprovam a possibilidade de fabricar vinho no Brasil, diremos mais, de fabricar todas as qualidades de vinhos, a principiar dos ligeiros vinhos de Alemanha e Norte da França até os generosíssimos de Portugal e climas mais quentes. A diversidade das exposições, terrenos e climas do Brasil para tudo dará; verdadeiramente haverá mister de bastantes observações e estudos, mormente nas províncias que se aproximam ao equador, aonde um luxo exuberante de ve-

CAPÍTULO 11

getação arranca continuamente novos frutos à vide, de forma que a uva já sazonada se acha entre outras duas das quais uma deita a flor enquanto a outra já percorre a metade do seu progresso à madurez; mas o cuidado de procurar espécies de regiões idênticas, quais as da Síria ou Arábia, e os esforços da arte quando a experiência e estudo e não uma cega rotina a dirigirem, obviarão a tais dificuldades. A arte que educa ananases em Paris e S. Petersburgo decerto saberá obter vendimas no Ceará e Mato Grosso.

Com menos trabalho e inovação o vinho se fabricará nas províncias do Sul, e planícies elevadas dos centros de Minas. A suspensão que lá o inverno produz na vegetação obriga os vegetais a que, na volta da primavera, desenvolvam de uma vez todas as forças da sua organização, brotando simultaneamente as flores e sazonando as frutas.

A vide, sendo atualmente objeto de gosto e mimo e não de luxo para a agricultura, escusado é que tratemos da sua agricultura, a qual aliás pedirá, quando for gênero de especulações, extensos tratados, tanto no que se relata à sua educação, como ao fabrico do vinho.

Deste, como já o dissemos, provamos alguns ensaios feitos na ilha de Itaparica na enseada da Bahia, outro em S. Paulo e outro em Santa Catarina. Achamo-los mui sofríveis;

porém, algum tanto fracos e ásperos, o que atribuímos à inigualdade de madurez dos cachos pelos motivos já apontados; aliás se não bastavam para advogar a favor da perfeição, eles comprovavam a possibilidade e nada mais era preciso.

A vide sendo cultivada nos quatro continentes de tempo imemorial e com sumo cuidado, forçoso é que haja imensidade de qualidades diferentes de uvas e de vides. Algumas não passam da grossura de uma pena de escrever: outras chegam a equiparar no tamanho do tronco às mais grossas árvores. Os métodos de cultura não se diferenciam menos do que as qualidades. A arte de podar a vide chega a ser um ofício privativo no campo.

Enfim, seja como gênero de lucro ou de gosto, a cultura deste admirável vegetal merece que lhe consagrem ao menos um bocado de terreno e de trabalho, e não perdoamos ao lavrador que por descuido não tiver no seu terreiro ao menos uma parreira.

OLIVEIRA. *Olea europaea L.* (*Diandria Monogynia*), da família das oleáceas. A oliveira, se bem que cresce com vicosidade nas províncias entretropicais do Brasil, assim mesmo ainda não chegou a dar sua fruta; mas, nas províncias meridionais, julgamos que ela na abundância e regularidade das colheitas se vantajaria às da Europa, razão por que encomendamos aos lavradores de Santa Catarina, Rio Grande e Montevidéu[12] que ensaiem esta cultura, certos de que seus desvelos achariam digno prêmio; bem entendido que era preciso que algum agricultor rico, ou uma sociedade de proprietários, ou o governo, mandassem vir de Portugal, e com preferência ou concorrentemente de Madeira e das ilhas,[13] as melhores e mais robustas espécies, com o número suficiente de lavradores que entendam bem desta cultura, e que sejam de diversas províncias por amor da diversidade de métodos.

Quando damos este conselho aos habitantes das províncias do Sul do Brasil, não queremos estabelecer que a cultura da oliveira não seria possível e profícua nas entretropicais. Bem longe disto supomos que não era difícil achar na Ásia Menor e ilhas do arquipélago espécies que se dariam maravilhosamente nos climas análogos do nosso Império; porém julgamos mais urgente principiar nas regiões aonde haveria menor dificuldade a vencer, ao mesmo tempo que elas não têm escolha entre tão grande número de lavouras diferentes para promover sua prosperidade agricultural.*

| * A oliveira goza do ar do mar, ela cresce, mas é caprichosa em dar fru-

CEREAIS. — TRIGO. *Triticum aestivum L.* (*Triandria Dyginia*), da família das gramíneas.

CEVADA. *Hordeum vulgare L.* idem.

AVEIA. *Avena sativa L.* idem.

CENTEIO. *Secale cereale L.* idem.

Estes quatro gêneros de vegetais da interessantíssima família das gramíneas, cujos artigos enchem a metade dos tratados da agricultura européia, não pedem de nós senão uma leve lembrança, pois que por agora sua cultura tem se limitado aos ensaios dos curiosos, se bem que a província do Rio Grande cultivou grande porção de trigo, e ainda o cultiva, apesar da doença que nele deu, sem dúvida devida à demasiada untuosidade dos terrenos e qualidade úmida da atmosfera. Aliás, segundo a observação que nós fizemos do incessante aumento do uso do pão, e das razões que havia para que a farinha de mandioca deixasse pouco a pouco de ser a base do alimento diário do povo brasileiro, não duvidamos que antes de cinqüenta anos a cultura do trigo, e após esta a dos outros cereais, venha a ser lucrosa, mormente nas províncias meridionais, e altas planícies centrais, v. g.,

tos no interior das terras. Na província de Minas há oliveiras mui grandes e frondosas que nunca deram uma azeitona madura. (Nota de Riedel.)

nos tabuleiros de Minas, onde o centeio já se planta em bastantes fazendas. Esta lembrança basta hoje, pois que quando o tempo de se aplicar a esta lavoura chegar, não faltarão as instruções sobre o preparo da terra, tempo da sementeira, colheita e conservação dos gêneros.

Faremos a respeito das províncias entretropicais a mesma observação que a oliveira já motivou. Sem dúvida a cultura do trigo não lhes está vedada, e o Egito, Síria e África emprestariam espécies aptas ao seu clima; mas elas estando em circunstâncias menos favoráveis do que as do Sul, além do muito maior número de lavouras a que se podem dedicar, hão de por largo tempo se proverem deste gênero nos mercados estrangeiros ou das províncias coirmãs, antes que tenham um supérfluo de população que aplicar a essa especulação.

CÂNHAMO E LINHAÇA. — CÂNHAMO. *Cannabis sativa L.* (*Dioecia Pentandria*), da família das urtíceas.[14]

LINHAÇA. *Linum usitatissimum L.* (*Pentandria Pentagynia*), da família das cariofíleas.[15]

A cultura do cânhamo foi ensaiada no Rio Grande e custou grandes cabedais ao governo. Apesar de a tenção que o obrigou àquela despesa fosse louvável, não podemos deixar de observar que tudo quanto os governos querem fazer, tanto em indústria como em agricultura, a título de empresa de lucro imediato, falha ordinariamente, a não conservarem o monopólio igualmente nocível aos empreendedores e aos consumidores, devendo limitar-se a estabelecimentos-modelos, e outros incitamentos da indústria dos súditos, da qual, seguindo este princípio, eles hão de retirar ao depois ganhos que sobem à proporção do aumento da mesma indústria, sem outras despesas que as indispensáveis nos inícios para espalhamento das sãs doutrinas, modelos, vinda dos indivíduos ensinantes e coleções, seja em jardins botânicos ou museus.

A razão primordial desta observação que não é nossa, e não foi feita para governos tão desleixados e mal servidos como era o de Portugal, e como ainda é o nosso, vem da impossibilidade que há em que o andar complicado e compassado de uma administração possa lutar com a marcha desembaraçada, ativa, audaz, do interesse particular.

O dinheiro empregado na cultura do cânhamo está hoje tão perdido como o absorvido nas guerras do Sul,[16] e o idêntico resultado de dois empregos em oposição tão diametral somente mostra a lamentável cegueira dessa administração na paz como na guerra.

Aliás toda empresa que o interesse particular em um

Capítulo 11

país onde a liberdade da indústria reina não assumiu, carece que o governo a estude com muita ponderação, antes que arrisque fundos para seu promovimento; naturalmente a época em que o emprego dos fundos seria profícuo nesse destino ainda não chegou. Sirva-nos o cânhamo de exemplo; duvidamos muito que um lavrador do Rio Grande lucrasse muito na sua cultura. Mais tarde, quando o consumo do Brasil for maior, e que tiver fábricas de tecer, e cordoarias particulares, talvez então esta lavoura seja rendosa, e àquela época bastaria, da parte do governo, que os professores de agricultura expliquem os melhores métodos de o cultivar, e talvez que o presidente da província ou o diretor do Jardim Botânico repartam sementes das melhores sortes entre os ensaiadores, para que tenha amplamente feito tudo quanto era do seu dever para florescimento da dita cultura.

CARRAPATO MAMONA. Palma-crísti. *Ricinus communis.* L. Dito *vulgaris.* Miller. Dito *viridis.* Wild. Dito *inermis.* L. Cl. *Monoecia Monadelphia,* da família das euforbiáceas.

Estas quatro espécies, ou antes variedades naturais da África e da Índia Oriental, são cultivadas no Brasil e no mundo inteiro, por serem medicinais e por terem o óleo das sementes grande uso para a economia doméstica.

A cultura é muito fácil; uma vez semeada, ela cresce espontaneamente em terra fresca e fofa, e prefere principalmente as imediações das casas ou das habitações, tanto de grandes fazendas, como da mais mísera choupana dos índios, os quais ela acompanha nos mais remotos desertos, com algumas outras plantas medicinais e cosmopolitas, há séculos introduzidas pelos jesuítas e atualmente naturalizadas como: *Datura stramonium*,[17] *Conium maculatum*,[18] *Lappa bardana*,[19] *Vesbascum blattaria* e *V. thapsus*,[20] *Plantago major*[21] e *P. media*,[22] *Xanthium strumarium*[23] e *X. spinosum*,[24] *Argemone mexicana*[25] etc. etc.

As folhas de mamona aplicadas nos tumores e inflamações cutâneas são refrigerantes; a casca da raiz é um laxativo, as sementes e o óleo destas são usados exterior e interiormente como catártico. A fabricação deste óleo é muito conhecida e muito usada, porém ainda muito imperfeita, principalmente o que serve para alumiar é impuríssimo, e deita uma fumaça mui prejudicial para o peito.

O óleo o mais puro e clarificado, usado nas farmácias, vem da Europa (*horribile dictu*).

PLANTAS PARA SUSTENTO DO GADO. É incrível o desleixo em que jaz o Brasil a respeito dos prados ou pastos artificiais. Já há mais de quatrocentas espécies de ervas, grama, ou vulgarmente capim no Brasil, conhecidos e descritos pelos europeus; e entre tantas não terá nenhuma que merecesse a cultura? que fosse preferivelmente procurado, que desse mais força, mais leite, ou que aperfeiçoasse a raça do gado vacum e cavalar?

Por falta de sermos industriosos, ou por uma demasiada preguiça e indiferentismo, plantamos o capim-de-angola, *Panicum spectabile* (*Nees.*), e o da Colônia *Panicum maximum Jacq* e *P. coloratum L.*, e desprezamos uma inumerável quantidade de capins não inferiores ao da África. Só a denominada grama, *Paspalum compressus* e *P. complanatus,* tem merecido alguma atenção dos rancheiros nas estradas reais de Minas e de S. Paulo, e de alguns cultivadores. Quantos *Paspala e Panica* não há que igualmente merecem a cultura; a grama dos lugares arenosos e marítimos (o *Stenotaphrum*) é muito sadia e procurada do gado vacum, e merecia a cultura para também fixar as areias movediças.

O inimigo o mais formidável que tem o cultivador, a que deve fazer uma guerra eterna, é o capim-gordura ou melado, que já está infestando e esterilizando uma grande parte do Brasil austral, enquanto o Brasil meridional e principalmente a província de S. Paulo é molestado pelo capim chamado barba-de-bode, *Chaetaria pallens.*[26] Tanto o capim-melado, *Melinis minutiflora*, como a barba-de-bode, têm pouco merecimento, e um e outro são pastados somente por falta de melhor.

Outros vegetais, cuja cultura pode
ser já ou pode vir a ser profícua.

Além das numerosas culturas que acima mencionamos, bem como das que mencionaremos nos capítulos da horticultura e agricultura, muitos produtos vegetais são igualmente objetos de comércio, dos quais hoje a cultura está toda a cargo da natureza. O Brasil conta maior número destes vegetais do que qualquer outra região, uns peculiares e preciosíssimos, qual a ipecacuanha, que nas vastas solidões e agrestes nasce *de per se*; qual também a inapreciável raizpreta ou cainca, específica nas hidropisias; sem falarmos nos tesouros ainda desconhecidos que tantas matas e entre-rios ubérrimos escondem no seu seio, e que as incansáveis investigações dos sábios nacionais e estrangeiros, ou uma sorte feliz, cedo ou tarde, hão de descobrir a prol da nação brasileira.

Todavia estes vegetais que hoje nascem espontaneamen-

Capítulo 11

te em sobeja abundância talvez algum dia, ou porque a população e cultura tenham invadido seus campos natalícios, ou porque as exigências do comércio despertem a indústria, virão talvez a serem adotados pela agricultura, e cultivados metodicamente com grande melhoramento das suas virtudes e préstimo. Esta é a história de todas as mais plantas, em cuja educação o lavrador se emprega, pois que basta seguir passo a passo a natureza para obter bom resultado desta naturalização do indivíduo silvestre entre os vegetais já sujeitos às leis do homem; e para generalizar a nossa idéia a mesma agricultura não é senão uma imitação fiel do proceder da natureza. Bem longe de contrariar os gostos e hábitos dos vegetais ela não faz, por assim dizer, senão aumentar as circunstâncias favoráveis de localidade, solos e exposições, removendo os obstáculos e inimigos tão numerosos no estado natural, pois que o contato e a luta dos entes organizados parece uns dos meios, senão dos fins da mesma natureza.

[...]

Capítulo 12

Horticultura.

Quando encomendamos encarecidamente a todo agricultor que consagre uma porção de terreno e de cuidados a uma horta, tomamos a obrigação de dizer algumas palavras sobre esta ramificação da grande arte de cultivar a terra, podendo-se proclamar que a horticultura é à agricultura na razão da miniatura à pintura histórica, pois que se não dá grandes resultados e extensíssimas colheitas, ela sobressai, pelo acabado e o engraçado, não havendo quem possa negar que a vida civilizada deve à horticultura suas mais inocentes e agradáveis comodidades e recreações, a ponto de se poder medir o grau de civilização pelo apuro da arte de cultivar os jardins e as hortas, cujo entretenimento fez desde a mais remota Antiguidade as delícias dos reis, dos sábios, dos guerreiros e das belas nos dias de glória, e a

CAPÍTULO 12

sua consolação nas horas da velhice, da infelicidade ou do desengano; ultimamente uma horta foi a primeira habitação do homem ainda no primor da sua ditosa inocência, e as almas dos justos vão receber o prêmio das suas virtudes em maravilhosos jardins.

O Brasil, por privilégio de posição e clima, e profusão dos bens da natureza, oferece o aspecto de um magnífico jardim, e a tal ponto que os primeiros descobridores assentaram que tinham achado a sé do paraíso terrestre; em semelhante país a horticultura oferece poucas dificuldades a vencer; já observamos que todos os vegetais cultivados ou cultiváveis podiam-se ajuntar nele, e acrescentaremos que graças à horticultura, no mesmo ponto, e quiçá na superfície de uma légua quadrada, bastaria escolher um terreno variado de brejos e morros, e bem regado de águas com certas exposições às virações, e outras abrigadas, para criar um panorama da vegetação do globo.

Porém, aonde a natureza dá muito, o homem se descuida, e não obstante as maiores facilidades a arte horticultural acha-se no Brasil no mesmo ponto de atraso do que as mais. Somente ao redor das cidades e nas propriedades de certos agrônomos que se adiantaram a seu tempo, vimos já ensaios notáveis e progressos; o resto oferece apenas algum canto, ao qual uma ou duas espécies de couve, de pimenta, de quigombó e de pepino, misturadamente plantados, merecem o título de horta, e esta magnificência falta à mor parte das fazendas.

É preciso confessar que o estado colonial explica e desculpa a indiferença do brasileiro para qualquer aperfeiçoamento social. O dobrado jugo do despotismo e da superstição acanhava-o, debaixo dos grilhões da rotina e costume, ao escasso passadiço de que por necessidade os descobridores se contentaram. Mas o tempo da libertação chegou, e, verdadeiramente, desde a vinda da corte e dos estrangeiros, observaram-se grandes melhoramentos em vários ramos de agricultura. Nos arredores do Rio de Janeiro a horticultura tem se estendido muito; poucas hortaliças e legumes há que hoje não aparecem na quitanda; com efeito, talvez não exista no mundo situação mais propícia para desenvolvimento da arte engraçada do hortelão do que a da corte. As vargens da beira-mar criam quantos vegetais o sol dos trópicos sazona, enquanto a serra da Tijuca e as mais serras vizinhas hospedam as plantas européias com tal carinho que não podem ter saudades do solo natalício. Portanto vemos o morango, o pêssego, as maçãs, as alcachofras, couves-flores, rivalizar nas mesas com os ananases, as mangas, os abacates etc. podendo-se considerar Rio de Janeiro como o *rendez-vous* de todos os dons que Pomona e Vertumno[1] têm repartido entre todas as regiões do globo.

Que será pois quando uma incansável aplicação promovida pelo interesse e guiada pela experiência tiver elevado a arte ao grau de perfeição que nos países mais maltratados da natureza, como Estocolmo ou S. Petersburgo, sabe produzir milagres, e no solo natalício dos gelos e neves chegar a ponto de sazonar o ananás, glória do equador e imperador coroado de todas as tribos de frutas de ambos os hemisférios.

Verdadeiramente as novas qualidades de frutas e legumes, e variedades aperfeiçoadas das espécies hoje conhecidas, hão de chegar a um tal auge, seja no número ou na qualidade, que mal nós podemos fazer idéia de que há de ser quando a ciência e a experiência, de mãos dadas, tiverem trabalhado dois ou três séculos sobre os tipos que hoje fazem nossas delícias. Estes gostos ficam reservados aos nossos vindouros; porém, a glória de iniciar esta nova era está a nosso alcance, e se o tratamento e o enxerto têm obtido na Europa dos bravos e amargosos bagos das pereiras, maceiras, pessegueiros silvestres, saborosíssima descendência, com quanto maior razão nos podemos lisonjear de obter pelos mesmos meios das nossas árvores frutíferas, cujas frutas são naturalmente deliciosas e perfeitas, produtos que desde a aurora da criação dada aos seus progenitores retribuíram pela refinação das suas boas qualidades os nossos cuidados e desvelos; porém, os detalhes mais amplos sobre este assunto pertencem ao capítulo seguinte, no qual trataremos dos pomares.

A horticultura se ocupa na cultura dos legumes, árvores frutíferas e das flores, e, conforme se aplica especialmente a qualquer destas culturas, apelida o terreno em que trabalha, horta, pomar e jardim de flores; o nome genérico de jardim abrange estas três repartições raras vezes isoladas. Ultimamente quando a horticultura se eleva ao arranjo e disposição geral de uma propriedade de luxo para obter vistas pinturescas e efeitos gerais de gosto e perspectiva pela combinação dos acidentes do terreno, plantações, matos, construções, ruínas, águas e caminhos; ela passa à dignidade de arte liberal e o indivíduo que a cultiva toma o nome de horticultor paisagista. Esta arte, nascida na Inglaterra, está, por bem dizer, desconhecida entre nós; porém a natureza nos dispensa de recorrer a ela, e nos tem mimoseado com mão tão pródiga em matos virgens, abundância de águas correntes, e luxuriante vegetação de milhares de plan-

Capítulo 12

tas elegantíssimas, que o engenho mais fecundo mal poderia aumentar as naturais belezas de prospectos que somente no artigo dos meios de comunicação podem ganhar alguma coisa com os auxílios da arte.

A horticultura, por atrasada que seja entre nós, já sai da nossa alçada pelo que diz respeito às moradias dos ricos proprietários; porém a humilde horta do fazendeiro que mora longe ainda necessita de nossa atenção e de nossos consolos. A este pois diremos brevemente que ele deve escolher para assento do seu jardim um brejo de massapé, regado por um corgo ou uma fonte. Este terreno, depois de cercado em quadro com tanta exatidão que nem gado nem criação alguma do quintal possa entrar, deve ser repartido em quatro canteiros grandes, por duas ruas de braça e meia ou duas braças de largo, conforme o tamanho, que se cortam a ângulos direitos, e que vão dar em outras quatro ruas iguais em largura, que dão a roda interior do cercado. Os ditos canteiros são da mesma forma divididos em quatro repartições iguais por duas ruas da metade da largura das principais, e cada canteiro destes dividido em canteirinhos de sete palmos de largo e do comprimento do canteiro, por separações de um palmo de largura. Estes canteirinhos são então plantados a cordel na direção do comprimento, geralmente em cinco fileiras, a mor parte das hortaliças carecendo de espaço de um palmo para vegetar a seu sabor; aliás estas medidas variam, conforme o tamanho da planta e mesmo qualidade do terreno.

Fica escusado o recomendar de secar previamente, por valas e fossos paralelos às ruas, os terrenos alagadiços, e mesmo quando a abundância das águas o permitir, de dividir cada canteirinho do outro por um fosso úmido ou de água corrente. Esta distribuição facilita a irrigação tão necessária para as hortas em qualquer país, e indispensável nos climas entretropicais: as freqüentes irrigações e o uso das esteiras ou girões cobertos de folhas de bananeiras, e outras de iguais dimensões que os matos fornecem com fartura, permitirá durante o maior ardor do sol conservar as hortaliças mais delicadas até nos meses do estio mais vigoroso.

O modelo de hortas que delineamos pode servir de tipo, variando-o conforme as localidades; uma das condições é que seja mais próxima à casa que for possível, para que os cuidados e vigias da família sejam diários, pois além da utilidade dos produtos ela proporciona o mais inocente e profícuo divertimento que os donos e seus filhos possam ter na vida do campo.

O asseio, regularidade e nivelamento das ruas e canteiros são quesitos primordiais. As ruas devem ser forradas de areia para realce, e guarnecidas de árvores frutíferas de mediano tamanho e aspecto grato, quais as laranjeiras, para sombra e recreio. As ruas secundárias pedem da mesma forma ser bordadas por arbustos de produto. As arasseiras mirim e da Índia são de primor para o tal serviço.

Aconselharemos igualmente ao agricultor que consagre às flores os canteirinhos próximos às ruas. Estas mimosas produções da natureza formam o luxo do campo, e um enfeite mais engraçado do que quantos a civilização mais refinada tem podido imaginar. Inútil fica, no fim de tantas recomendações, acrescentar que tudo quanto pertence à horta deve ser feito a cordel e por medida. É preciso pois precaver-se de cordéis e cordetes com seus dois lançotes, assim como de pás, enxadinhas de bicos, ancinhos, sacolas, &c.

Se o dono da fazenda reunir à sua horta uma vargem de terreno algum tanto mais seco, se bem que excelente, e um outeiro de declive suave, e os plantar de árvores frutíferas de todas as qualidades por ruas, de cada espécie ou misturadamente, ele terá o direito de se gabar que se soube senhorear de tudo quanto a natureza pode oferecer de mais delicioso, aprazível e verdadeiramente útil ao homem industrioso, e a fartura, salubridade e economia, tanto da sua mesa como da de seus escravos, dobrarão com só desviar o trabalho anual de dois escravos, e não dos possantes, da sua lavoura especial.

Sendo o mesmo terreno em contínuo produto fica claro que, por mais fértil que seja, ele havia de se esgotar, se o não refizessem de quando em quando. Lá pois irão ter os resíduos e lixos das casas e estrebarias, os antigos depósitos de bagaço reduzidos a estrume de qualidade superior, e outros estercos tão abundantes em qualquer estabelecimento agrícola. As mesmas limpas das valas e fossos são excelentes para engordar o terreno bem como o húmus dos matos virgens, a cinza de vegetais, &c., &c.

Quase que todas as hortaliças pedem o mesmo tratamento; semear em viveiros, transplantar as mudas em terreno limpíssimo e mui fofo, por ter sido duas ou três vezes virado com enxada ou pá, e nivelado com o ancinho, tais são com as limpas e regações os cuidados gerais que exigem. As que necessitarem alguma coisa de particular no tratamento serão apontadas na seguinte nomenclatura que, para comodidade das pessoas que compraram ou encomendaram coleções de sementes, damos com a sinonímia francesa.

CAPÍTULO 12

PRIMEIRA DIVISÃO

Plantas cujos grelos, folhas, ou nervos
delas e flores se comem.

ARMOLES (*ARROCHE DES JARDINS, BONNE DAME*). *Atriplex hortensis L.* (*Polygamia Monoecia*), da família das quenopodiáceas. (Cultura vulgar.)

ASPÁRAGO (*ASPERGE*). *Asparagus officinalis L.* (*Hexandria Monogynia*), da família das asparagoídeas.[2] Cultura difícil na Europa, e colheita no fim de três anos; no Brasil dão em seis meses, plantadas em massapé ou terreno bem estercado, havendo cuidado de carregar nova terra em cima dos pés no fim de cada colheita; nascem de sementes e de estacas de raízes que se podem transportar longe.

BASELA (*BASELLE*). *Basella L.* (*Pentandria Trigynia*), da família das quenopodiáceas. Cultura vulgar; a planta, como trepadeira, carece de tutor.

ALCACHOFA (*ARTICHAUT*). *Cynara scolymus L.* (*Syngenesia Polygamia igual*), da família das sinantéreas.[3] Terreno fofo e untuoso, dá-se bem do clima da serra dos Órgãos;[4] na beira-mar, sombra e freqüentes transplantações.

COUVE (*CHOU*). *Brassica oleracea L.* (*Tetradynamia Siliquosa*), da família das crucíferas. Este gênero contém imen-

223

sas variedades, cujos nomes vêm com as sementes, a cultura é vulgar; terreno fofo e bem estercado, as espécies repolhudas dão-se melhor na serra; porém, um bocadinho de cuidado as obtém da beira-mar; as mais notáveis espécies de couves, além das vulgares, são as de *Milão*, *Strasburgo*, *couve-vermelha*, *couve-nabo*, *couve-rabanete*, *couve-brócolis*, *couve-flor*. A este último pertence a observação que fizemos respeito às alcachofas.

Outras muitas subdivisões de couves pertencem àquelas que nomeamos; mas só casualmente a semente vem de fora e ainda as não podemos considerar como naturalizadas.

AGRIÃO (*CRESSON*). *Sisymbrium nasturtium L.* (*Tetradynamia Siliquosa*),[5] da família das crucíferas. Terrenos alagadiços.

SALSA (*PERSIL*). *Apium petroselinum L.* (*Pentandria Digynia*), da família das umbelíferas. Cultura vulgar.

ÁPIO (*CELERI*). *Apium graveolens L.* dito.

CEREFÓLIO (*CERFEUIL*). *Scandix cerefolium L.*[6] dito. Raro no Brasil e mui delicado.

CHICÓRIA (*CHICORÉE*). *Chicorium intybus L.* (*Syngenesia Polygamia igual*), da família das sinantéreas. Distingue-se a silvestre e a cultivada, e desta contam-se várias sortes; cultura vulgar. Quando a planta for de bom tamanho é preci-

224

CAPÍTULO 12

so ligar as folhas em feixe quatro ou cinco dias antes de a colher, para que as do centro fiquem mais tenras e mais alvas.

ALFACE (*LAITUE*). *Lactuca L.* dito. Hortaliça indispensável para salada, e da qual existem imensas variedades. As repolhudas devem ser preferidas; as de folhas compridas ou romanas são também de muita estimação; as folhas se amarram na época da madurez como as da chicória. Cultura vulgar; muito esterco e muita água.

MOSTARDA (*MOUTARDE*).[9] *Sinapis L.* (*Tetradinamia Siliquosa*), da família das crucíferas. Cultura vulgar.

AZEDA (*OSEILLE*). *Rumex L.* (*Hexandria Trigynia*), da família das poligonáceas. Cultura vulgar, muito agradável e sadia.

PIMPINELA (*PIMPRENELLE*). *Poterium sanguisorba L.*[10] (*Tetrandria Trigynia*), da família das rosáceas. Cultura vulgar.

CAPUCHA OU FRIGIDEIRA-DE-RABO (*CAPUCINE*). *Tropaeolum L.* (*Octandria Monogynia*), gênero particular. Cultura vulgar, flor linda que se come na salada; os bagos se conservam em vinagre.

ESPINAFRE (*ÉPINARD*). *Spinacia oleracea L.* (*Dioecia Pentandria*), da família das quenopodiáceas. Cultura vulgar.

RUIBARBO (*RHUBARBE*). *Rheum L.* (*Enneandria Trigynia*), da família das poligonáceas. Cultura que data de dez ou doze anos na Europa, e que merece ser introduzida no Brasil; os nervos das folhas se comem.

BORRAGEM (*BOURRAGE*). *Borago officinalis L. (Pentandria Monogynia*), da família das boragináceas.

SEGUNDA DIVISÃO

Plantas cujos frutos, sementes
ou raízes são comestíveis.

ABÓBORA (*CITROUILLE* OU *COURGE POTIRON*)
PEPINO (*CONCOMBRE*)
MELANCIA (*PASTÈQUE*)
ABÓBORA-DE-ÁGUA *Cucurbita ceratocreas.*

(Vide supra) Da cultura das abóboras, pepinos, melancias e maxixes já falamos. A horticultura apodera-se das espécies mais finas, e, pela abundância de esterco, obtém resultados mais avultados e de qualidade superior.

MELÃO (*MELON*). *Cucumis melo L. (Monoecia Syngenesia*), da família das cucurbitáceas. A cultura desta jamais assaz gabada fruta pede na Europa Setentrional imensos trabalhos para chegar à sua perfeição, enquanto no Brasil ela dá, por assim dizer, espontaneamente, mormente nas coroas que os rios do Norte cobrem durante as enchentes como o S. Francisco, Paranaíba[11] e outros muitos, aonde, com

CAPÍTULO 12

o único trabalho de arranhar a terra para depositar semente, se criam melões que chegam a pesar duas arrobas. Nas hortas do Rio de Janeiro, e nos de toda a beira-mar, a lagarta de um inseto da família das falenas (espécie de mariposas) multiplica os trabalhos do hortelão a ponto de o desesperar, quando estes bichos, por assim dizer, brotam debaixo da mão do perseguidor; eles, não contentes de devorarem as folhas, lançam-se aos frutos inda tenrinhos e, furando-os até ao centro, escondem-se nesta habitação cômoda aonde acham abrigo e fartura, chupando toda a substância destinada a sazonar o melãozinho, e deixando-lhe em paga a sua imundícia.

A destruição de um inimigo tão pequeno como temível pede visitas de madrugada e de tarde, e assim mesmo não há nunca certeza que o coração do maior e mais belo de todos os filhos do melonal, cujo aspecto enleva a vista e torna a boca salivosa, pela antecipação da futura saborosíssima sensação, não receberá um monstro hediondo que torna em azedume e podridão a mesma ambrosia digna do paladar dos deuses.

Não conhecemos outro meio para afugentar um inimigo tão encarniçado, do que esta incansável vigia, e o uso da decocção das folhas de fumo para regar, bem como o emprego das folhas verdes do mesmo para assentar os jovens frutos, os quais devem ser sempre levantados do chão sobre tijolos, ou outro qualquer sustentáculo; as mesmas folhas servem igualmente para os guardar do maior furor do sol do estio.

À proporção que as covas do melão forem maiores e mais bem guarnecidas de excelente esterco, eles darão frutos maiores e mais bem sazonados. Uma terça parte de areia do mar, ou de lama de mangal misturada com o esterco, exalta muito o aroma dos melões; enfim, é preciso podar com as unhas os pés quando tiverem palmo e meio do comprimento, e sucessivamente os braços à proporção que se desenvolverem, e para ter melões de notável grandeza não deixar em cada pé mais de quatro ou cinco frutos.

TOMATE (*TOMATE* OU *POMME D'AMOUR*). *Lycopersicum.*[12] (*Pentandria Monogynia*) da família das solanáceas. Já falamos deste vegetal tão bem-aceito e tão vulgar entre nós.

PIMENTA (*PIMENT*). *Capsicum* dito.

BERINJELA (*MELONGÈNE* OU *AUBERGINE*). *Solanum esculentum*[13] dito.

MORANGO (*FRAISIER*). *Fragaria vesca* L. (*Icosandria Polygynia*) da família das rosáceas. Eis uma das conquistas da nova agricultura brasileira sobre a européia, ou, para melhor dizer, o resultado de um câmbio, no qual as duas par-

CAPÍTULO 12

tes ganham tudo quanto a contrária tem, sem perder nada do seu. O morango, fruta tão engraçada como saborosa, não data entre nós senão da chegada da Corte, devemo-lo à condessa de Roquefeuille, tão ilustre por suas virtudes, como por sua curiosidade em horticultura; e os morangais da Tijuca abastaram largo tempo, durante a estação competente, a mesa imperial.[14]

FAVA (*FÈVE DE MARAIS*). *Faba major L.*[15] (*Diadelphia Decandria*), da família das leguminosas. Cultura do feijão; pouco usada no Brasil. Não merece este desprezo.

FEIJÃO (*HARICOT*). *Phaseolus vulgaris L.* dito. Digno, com suas centenas de variedades, de todo o desvelo do agricultor. Já falamos dele.

LENTILHA (*LENTILLE*). *Ervum lens L.* dito. Merece um canteirozinho, porém o guando o supre com vantagem. Cultura do feijão.

ERVILHA (*POIS*). *Pisum sativum L.* dito. Digno, com suas variedades, da mesa mais lauta. Cultura do feijão.

ALHO (*AIL*). *Allium sativum L.* (*Hexandria Monogynia*), da família das liliáceas.
ALHO-VERDE (*POIREAU*) *Allium porrum* dito.

Bem conhecido. Terra leve ou húmus, nasce melhor em climas mais temperados, como o de Santa Catarina.

CEBOLINHA (*CIBOULE* E *CIBOULETTE*).
Allium schenoprasum L.[17] dito

ECHALOTA (*ÉCHALOTTE*)
Allium ascalonicum dito.

Variedades que fornecem um delicioso condimento.

CEBOLA (*OIGNON*). *Allium cepa* dito. Mesma observação que para o alho, aliás algum cuidado dará as cebolas com fartura para o consumo de casa.

NABO (*NAVET*). *Brassica napus.* (*Tetradynamia Siliquosa*) da família das crucíferas. Delicado, a variedade conhecida no Brasil é muito inferior. Devem-se procurar sementes da Europa. Mesmo terreno que para a cebola.

RABANETE (*RAVE, RADIX* E *RAIFORT*). *Raphanus sativus* dito. Mesma observação.

BETERRABA (*BETTERAVE*). *Beta vulgaris.* (*Pentandria Digynia*) da família das arroxeas.[18] Na Europa tira-se açúcar desta deliciosa raiz, que mais prospera nos climas temperados do que nos entretropicais aliás com algum cuidado e boa semente obtém-se muito boa. Mesma observação.

CENOURA (*CAROTTE*). *Daucus carota L.*
(*Pentandria Digynia*),
da família das umbelíferas.

CHERIVIA (*CHERVIS*). *Sium sizarum*
dito.[19]

CENOURA BRANCA (*PANAIS*)
Pastinaca oleracea dito.

ESCORCIONEIRA (*SALSIFIS*)
Tragopogonporrifolius syngenesia
polygamia æqualis L. da família
das flosculosas.[20]

} Mesma cultura.

BATATA (*POMME DE TERRE*). *Solanum tuberosum.* Já falamos dela.

TARTUFO BRANCO (*TOPINAMBOUR*). *Helianthus tuberosus* (*Syngenesia Polygamia Superflua*), da família das radiáceas.[21] Indígena do Brasil, dá-se em qualquer terreno.

BATATA-DOCE (*LISERON PATATE*). *Convolvulus patatas.* Já falamos deste delicioso tubérculo.

Capítulo 13

Pomares e arvoricultura.

Chegamos ao assunto mais agradável da nossa tarefa. Falar das árvores é comemorar o que há de mais engraçado e útil na natureza, e uma fonte inesgotável de produtos, ou gratíssimos à vista e ao paladar, ou indispensáveis em todos os trabalhos da civilização e indústria, às quais subministram os principais materiais; porém o panegirista mais eloqüente se acharia falto de expressões para encomendar todas as diferentes utilidades das árvores, desde os serviços singelos que prestam cotidianamente ao homem para comida, abrigo e lume, até os auxílios indispensáveis de que as artes mais sublimes lhes são devedoras, para domar metais, edificar templos e cidades, atravessar os mares, &c. As árvores fazem o ornato e a pompa da terra, e a riqueza dos seus habitantes. Não há região, por estéril e desprevenida que seja, que não tenha ao menos a sua peculiar árvore, cuja beneficência, qual a de uma deidade salvadora, supre às precisões mais urgentes dos seus moradores. Os desertos de areia têm as suas preciosíssimas tamareiras, e a mesma Lapônia utiliza o menor raminho das suas acanhadas bétulas, derradeiro triunfo da força produtiva da terra sobre a potência do frio; e lá aonde a vegetação finda, a civilização acaba.

Porém deixamos essas terras desoladas que a natureza dotou com mão de madrasta, tornamos ao nosso Brasil, em cujo seio ela derramou toda a cornucópia dos seus inumeráveis presentes. Sim, no Brasil todas as numerosas famílias da vegetação têm representantes, e o homem está habilitado para introduzir qualquer indivíduo que lhe venha na mente, por interesse ou capricho. Até agora o brasileiro não soube tirar grande partido de tamanho privilégio: apenas aproveitou as árvores natalícias, ou, quando muito, aquelas que não careciam senão que se depositasse uma primeira semente para brotar espontaneamente e quase sem cuidado nem sacrifício do dono, quais as laranjeiras, mangueiras, &c.

Como já falamos privativamente das árvores atualmente cultivadas para lucro, pelos lavradores, ou que merecem desde já serem aproveitadas para semelhante fim, contentar-nos-emos a respeito daquelas que são ou devem ser cultivadas para recreio e fartura das casas, de uma simples nomenclatura e sinonímia como já usamos no capítulo da horticultura, limitando-nos a apresentar algumas regras gerais sobre a criação, plantação, trato e enxerto.

Criação das árvores.

As árvores se criam por meio de semeação, de estacas, e de filhos ou ladrões.

A semeação se faz em viveiros ou a posto fixo.

Cada um dos dois métodos tem suas vantagens e inconvenientes, e depende também da particular índole do vegetal; nisto a prática guia. Os viveiros servem para educar mais facilmente e em maior quantia os sujeitos destinados a plantações grandes e simétricas, podendo-se escolher, na ocasião da transplantação, pés de igual siso e vigor, para obter indivíduos iguais no crescimento e aparência.

As estacas suprem às sementes quando estas não existem, como é o caso para as figueiras, ou para multiplicar as qualidades aperfeiçoadas por casualidade ou enxerto.

Os filhos ou ladrões pegam com maior facilidade do que as estacas; porém reproduzem sempre o tipo agreste quando a árvore foi aperfeiçoada por enxerto.

Capítulo 13

Neste caso obtêm-se também artificialmente filhos tão bons como os pais, enterrando uma porção de ramo que se curva, e se não separa da árvore-mãe senão quando a porção enterrada criou raízes.

Quando as árvores são robustas e com a copa muito acima, o mesmo resultado se consegue, embrulhando uma parte de um ramo de um ou dois anos com porção de terra retida por pano grosso ou pedaço de esteira, que se conserva sempre úmida. Quando a porção assim embrulhada criou raízes, trabalho que se facilita com alguns cortes superficiais prévios que se deixam ressecar dois ou três dias antes de ensacar o ramo, amputa-se rente a parte inferior do embrulho, e o filho assim separado da mãe coloca-se no lugar que lhe é destinado.

O terreno para semear em viveiros deve ser de qualidade, nunca melhor, e se for possível inferior da do solo em que a árvore há de ser transplantada.

O mesmo se deve observar quando se fazem viveiros de estacas ou de ladrões.

Quando se semear a posto fixo, é bom observar, para as dimensões e preparo da cova, o mesmo que se deve fazer para a transplantação.

As sementeiras, estacas, e propagação por via de ladrões,

se podem igualmente fazer em cestos ou cofos de cipós, ta-cuarás, folhas de bananeiras ou palmeiras, &c.

Plantações.

Esta deve ser sempre feita a cordel e a distâncias iguais em quadros ou xadrez.

As covas ou buracos devem ter ao menos dois palmos de fundo e seis de diâmetro: é bom fazê-los de antemão, para aproveitar o tempo de chuva para plantar rapidamente, e se o terreno não for de boa qualidade, enchê-los, na ocasião de colocar o sujeito, com terra tirada de fundo excelente.

Se se lançar no fundo dos buracos algum osso, unha, cisco, pedaço de lenha, ou outro qualquer lixo que houver à mão, estas matérias, consumindo-se lentamente, fornece-rão à jovem árvore gases e sucos que hão de contribuir mui-to para seu rápido desenvolvimento. Mas nunca as raízes devem descansar imediatamente sobre os tais estercos, sim serem separadas por uma camada de terra de polegada de altura.

Toda árvore que se transplantar deve ser tirada do chão natalício com sumo cuidado, para se não ofender a raiz,

Capítulo 13

suas divisões, nem mesmo, quanto for possível, as barbazinhas; e, na ocasião de a colocar na cova, é necessário que haja o maior cuidado em dispor e arranjar todo o sistema na mesma ordem em que estava dantes, segurando as raizinhas com terra solta e fina, que se aperta suave e igualmente para não ficar vão algum; contudo, como as barbazinhas padecem sempre mais ou menos, podar-se-á algum pouco das raízes maiores para criar novas. A raiz nunca deve ser mais enterrada do que se achava; finalmente, calca-se o pé da árvore com uma porção de terra que sobrepuje ao nível, para obstar à encharcação das águas: finda-se a operação regando-se copiosamente a cria.

A época das transplantações é no inverno, para as províncias meridionais; e nas invernadas de chuva, em dia chuvoso ou encoberto, para as entretropicais; no verão a operação não é impossível, mas muito mais incerta por causa dos rigores do calor, e jamais se deve empreender senão quando houver necessidade absoluta. Assim mesmo com grande cuidado de mandar regar a miúdo, e de proteger os alunos com girãos, poucos hão de falhar.

Observando-se com atenção estas regras, não haverá transplantação que não dê bons resultados, mesmo as das árvores adultas, a qual já é vulgar na Inglaterra, e produz efeitos que pertencem à feitiçaria, aparecendo, de um ano para outro, bosques, avenidas e pomares em lugares rasos e despovoados, até de arbustos. Verdadeiramente entre nós o clima, por não ser tão rigoroso no inverno, e não adormecer tanto a força vegetativa, é menos apropriado a semelhantes façanhas de arvoricultura, aliás inúteis por não existirem os viveiros de onde se haviam de extrair os sujeitos, nem terrenos nus que aflijam a vista, mas em caso de capricho ou conveniência, não há dúvida que os resultados fossem satisfatórios.

Querendo semear ou plantar a posto fixo, fazer-se-ão as covas da mesma forma, sem que se negligencie condição alguma dos apontados, havendo cuidado de pôr quatro ou cinco sementes ou estacas na mesma cova. Das que vingam, a melhor se conserva, e as outras servem para suprir as folhas ou formarem novos pomares, &c.

Não se deve ninguém eximir da obrigação de dar um tutor às crias, até que estas tenham suficiente força para afrontar os assaltos dos ventos e furacões.

A distância das covas se mede pelo porte da sorte de árvores. As de maior copa, como as mangueiras, devem distar uma da outra de sessenta palmos ao menos, e as outras à proporção.

CAPÍTULO 13

Quando semeadas ou plantadas em viveiros, a distância das sementes, caroços ou estacas deve ser de dois palmos ou três, conforme a força vegetativa da espécie.

Trato.

A educação é a arte de conduzir um aluno à idade adulta de tal modo que ele desenvolva todas as prendas e faculdades de que a natureza o dotou, até que chegue àquele grau de perfeição que sua índole e circunstâncias admitem. Aplicada à cultura, esta definição não é menos exata. O arvoricultor propõe-se, como tipo, para seus renovos, o mais perfeito indivíduo de cada espécie que a natureza apresenta, quando todas as condições de terreno, de exposição, de ares e de estações se reuniram para favorecer a criação de algum vegetal. É preciso, pois, estudar e fornecer aos tenros filhinhos o fundo e exposição mais do seu gosto, abrigar aqueles que pedem abrigo, apartar os inimigos e obstáculos, e aproximando-se o mais possível do proceder da natureza, reproduzir em cada indivíduo da plantação o tipo original.

Na mor parte das árvores a perfeição consiste em ter um só tronco robusto, sadio, sem rachaduras nem chagas, e diminuindo insensivelmente de grossura, até a altura de oito até dezesseis pés acima do chão, aonde o tronco se reparte em maior ou menor número de braços que se equilibram, suportando as ramificações e folhagem, que deve ser tão vigorosa e viçosa quão a mesma índole da espécie o admite, formando copa, cúpula, pirâmide ou outra qualquer figura própria, perfeitamente simétrica, cujo tronco principal é o centro. Para chegar a este resultado, vemos que os ramos inferiores, que muitas vezes se separam do tronco pouco acima do nível do chão, secam à proporção que a árvore cresce, e que os ramos superiores abafam e esfaimam aqueles. O mesmo acontece aos ramos e raminhos interiores, aos quais o ar e o espaço faltam, e de quando em quando os ventos e furacões, sacudindo os vegetais, os desembaraçam dos resquícios incômodos da ramagem e folhagem morta. Eis pois a tarefa do arvoricultor delineada. Ele deve imitar a natureza, conservando às suas crias um só tronco, podando de quando em quando os ramos que brotaram do galho principal, trabalho que nos viveiros será mui leve, a proximidade dos indivíduos obrigando-os a subir para procurar ar e luz a seu sabor. Os indivíduos isolados merecerão pois maior atenção a este respeito.

Quando as árvores tiverem sete ou oito pés de alto de

Capítulo 13

um só jato, e sem galhos laterais, o dono os poderá abandonar ao cuidado da natureza, que fará o resto, especialmente para as árvores altas e robustas, quais as nogueiras, as castanheiras, mangueiras, jaqueiras, &c. A respeito das árvores mais diminutas, mormente quando são preciosas pela qualidade das frutas, como são as laranjeiras, araticueiras, ateiras, &c., será bom todos os anos visitá-las, para as aliviar da lenha seca, ramos quebrados, assim como dos galhinhos interiores que empacham a circulação interior do ar, tão indispensável para os vegetais.

A arte de podar as árvores tem sido levada na Europa ao último apuro, e carece de um estudo privativo. Lá, o rigor do clima e a delicadíssima índole da mor parte das árvores frutíferas, obtidas depois de longos ensaios, e repetidas operações de cultura e enxertos obrigam a medir e calcular, por assim dizer, o merecimento e provável produto de cada polegada de ramo e de cada botão, sob pena de ver o vegetal entisicar ou tornar-se estéril. Cá, no nosso abençoado Brasil, não precisamos de tais fadigas e desvelos. A natureza não exige tanto para nos cumular de benefícios; mas ao menos não nos descuidemos daquilo que coadjuva e acelera os efeitos da sua munificência.

A limpeza dos viveiros e covas é outro serviço em que

não deve haver desleixo. Quando as árvores são grandes e copadas, elas *de per se* defendem e matam ou conservam em estado de acanhamento todo o vegetal atrevido que põe o pé no seu território.

A respeito dos musgos, parasitas, lagartas e larvas de insetos que atacam as árvores, é claro que se lhes deve fazer crua guerra, mormente para defesa das qualidades mimosas e preciosas.

A erva-de-passarinho é um flagelo para os pomares; verdadeiro vampiro vegetal ela chupa em pouco tempo o suco e a existência da mais viçosa árvore; quinze dias lhe bastam para embrulhar de tal forma a copa de uma laranjeira grande, que nenhuma folha destas aparece de fora. Não deve haver pois um instante de demora para extirpar semelhante monstro.

Enxerto.

Há uma grande questão, e insolúvel, que não raras vezes se levanta entre os filhos da Europa e os da América, sobre a excelência das frutas oriundas de cá e de lá. Cada um dá a preferência às da sua terra, e como as sensações que nos deixaram as primeiras lembranças agradáveis na infância não podem naturalmente ser equiparadas por outras quaisquer, cada um tem razão quando se refere ao testemunho dos seus sentidos. Mas a questão se complica por bastantes circunstâncias acidentais, das quais era preciso fazer caso na ocasião de a decidir. As frutas da América estão ainda no estado silvestre em que os descobridores as acharam, e, para obrar com eqüidade, a comparação se deveria estabelecer com as da Europa, ao mesmo estado nas matas indígenas aonde os tipos originais se propagam. Vão ver a maçã, a pêra, o pêssego nos bosques natalícios! Haverá nada mais amargo, mais acre, menos tragável? Assim mesmo a cultura as perfeiciona tão extremosamente que não negarei que as qualidades de primor sejam superiores às melhores de cá, quais o ananás, a ata, a jabuticaba, o imbu, &c. Mas se considerarmos que estas, se bem que selvagens e nascidas à toa, já quase merecem entrar em paralelo, teremos muitos motivos para supor que com a metade do trabalho insano que durante uns poucos de séculos se empregou para melhorar aquelas, levaremos estas a um ponto de perfeição que talvez se avantajará muito ao mérito das suas antagonistas da Europa.

Uma terceira classe vem complicar a questão. As frutas

antigamente cultivadas na Índia e China, países de mestrança na arte agricultural, acham-se também cá, porém faltam as melhores castas, e as que foram transplantadas no Brasil não são das variedades primorosas, se o que nos contam os viandantes da excelência das mangas, atas, mangostões, &c., não é exagerado. Portanto, se o governo mandasse para lá, em qualquer dos navios mercantes que fazem aquela navegação, um hábil agrônomo que soubesse trazer bastantes pés e sementes das mais primorosas qualidades de frutas, já estávamos habilitados para desafiar a Europa.

Mas esta digressão, por pouco que nos deixássemos levar pelo interesse e encanto da matéria, nos faria ultrapassar os limites em que nos devemos conter. O sem-número de frutas das nossas campinhas e matas, e sua maior ou menor aptidão a serem aperfeiçoadas pela cultura, é assunto tão grato como imenso, mas reservado em grande parte aos nossos vindouros: mil considerações de índole, terreno, propensão para diferentes métodos de cultura, devem ser admitidas; v. g., uma observação que raras vezes falha prova que as espécies que a natureza oferece já finas e saborosas pouco ganham com o trato. O morango dos bosques ainda é preferido, nas mesas mais lautas, às variedades numerosas obtidas pelo desvelo dos horticultores, enquanto a pêra sil-

244

CAPÍTULO 13

vestre, cujos parceiros civilizados são as delícias das sobremesas do inverno, não se pode tragar por acerba e acre. Esta regra, se fosse infalível, aplicada à mor parte das nossas frutas ia nos desanimar, pois que muitas delas quais o caju, mangaba, imbu, jabuticaba, &c., já nascem bem sazonadas; porém ela dècerto não é geral; aliás temos um sem-número de vegetais cujas frutas hoje desprezadas e abandonadas às crianças e bichos dos matos haviam pela cultura de figurar com distinção entre as melhores. Os meios que o agrônomo possui para operar tão felizes metamorfoses são a semeação, a transplantação, e sobretudo o enxerto. Já falamos do modo de executar as duas primeiras operações; a terceira, a mais importante de todas, não é incógnita entre nós; mas ela quase que se limita à família das laranjeiras, *aurantium*, quando deveria ser praticada com todas as famílias vegetais, lembrando-se que, nem da primeira vez, nem mesmo da segunda, o fim em vista se alcança. A índole das árvores raras vezes está disposta a ceder tão facilmente às primeiras tentativas; é preciso escolher os indivíduos de melhor sabor, criá-los em terrenos excelentes, fazer os enxertos, semear as sementes oriundas dos tais enxertos, repetir estes nos novos alunos com as melhores variedades

245

que nasceram da sementeira, e jamais cansar nesta alternação dos enxertos e semeamentos.

Os agrônomos da Europa estudaram a fundo a arte dos enxertos, e inventaram mil métodos diferentes de a praticar. Mas estes podem-se reduzir a três principais, a saber: 1º, enxerto por aproximação; 2º, por estacas; 3º, por inserção de botões ou gomos.

Enxerto por aproximação.

A natureza oferece nos matos o espécime deste modo de enxertar. Não raras vezes encontramos duas árvores nascidas uma ao pé da outra pegarem-se e não formarem senão um só tronco. A arte lançou mão deste expediente. O proceder consiste a cortar duas lascas iguais de dois indivíduos plantados pertinhos, e ajuntando as duas cortaduras, ligá-las com fio de lã ou embira, e untar as junções com um ungüento composto de duas partes iguais de barro, e bosta de vaca amassados em água, ou por um lacre de cera amarela e resina fundidas em partes iguais, ou outro qualquer da mesma natureza, que se aquece na ocasião da unção.

Capítulo 13

Quando a reunião tiver pegado, solta-se pouco a pouco a ligadura para evitar a inchação do líber naquele lugar, e em diferentes vezes amputa-se a parte inferior do indivíduo destinado a ser enxertado, e a parte superior daquele que foi destinado a receber o enxerto.

Algumas vezes usa-se deste expediente para prolongar a duração de alguma árvore preciosa, pelas lembranças e saudades que se apegam a ela, ou por outro qualquer motivo. Neste caso planta-se na proximidade um ou dois indivíduos da mesma espécie, e, depois de pegados e viçosos, recepando-os com um corte oblíquo que faça um talude mui prolongado com a casca da parte de fora, e inclinando-os até aplicar a face do corte sobre uma chaga de igual tamanho feita na casca do tronco invalidado pela idade ou algum acidente, de forma que os dois líberes se apeguem em toda a circunferência, fazendo depois a ligadura e unção como já o dissemos.

Uma operação análoga permite de enxertar uns com outros os ramos da mesma árvore, ou de árvores vizinhas congêneres, formando quadrados, ziguezagues e outras figuras, segundo o capricho ou a utilidade de segurar as cercas o indicaram; podem-se igualmente retorcer duas ou mais vergônteas ainda flexíveis de árvores diferentes para formar colunas retorcidas que se ornarão ao depois com folhagem e flores, de que resultarão combinações e contrastes os mais agradáveis à vista.

Enxertos de estacas.

Este enxerto consiste a implantar em um pé ramos de outro; ele se efetua dentro do chão ou acima do seu nível, com um só ou mais ramos, e com um ramo do tamanho do tronco enxertado, ou mais pequeno. A condição indispensável é que os dois líberes sejam contíguos para os sucos da árvore que se enxerta poderem vivificar e desenvolver os botões do ramo implantado. Daremos a descrição do modo mais simples de a executar.

Tendo-se, no tempo em que a expansão da vegetação pára, cortado um ramo de um ano, são e perfeito, este se decepa, conservando-se somente dois ou três botões, e a parte oposta se recorta em lâmina como a de uma navalha, cuja parte grossa guarda a casca, e o corte fica linear.

Logo depois o pé que se quer enxertar é cortado horizontalmente em qualquer parte que se quer, desde o nó da

CAPÍTULO 13

raiz até a altura de sete ou oito pés. Racha-se depois verticalmente o lugar da amputação por uma fenda lisa e sem refolho, a qual se abre com a podadeira, e se conserva aberta com uma cunha pequena; intromete-se a lâmina do ramo nesta fenda, de forma, como já o dissemos, que as cascas se encontrem e a peguem bem, e fazem-se ao depois as ligaduras e unções, como o dissemos outras vezes; o ramo e o pé, sendo do mesmo tamanho se chanfram, e depois de fazer coincidir perfeitamente as duas superfícies, amarram-se pelo modo indicado.

Na Europa e nos países frios aonde a circulação do suco pára durante uns poucos de meses, este método é mais praticável e seguro do que entre nós, aonde quase todas as árvores não deixam um instante de vegetar mais ou menos, assim mesmo com a precaução de regar e pôr à sombra os vegetais enxertados até que os enxertos tenham indubitavelmente pegado, não duvidamos que as mais das vezes dê resultados satisfatórios.

Não mencionamos aqui todas as variedades do mesmo método, o que temos dito bastará para que um agricultor engenhoso modifique os que lhe indicamos conforme a índole das árvores, &c.

Enxerto de gomos.

Este terceiro modo de enxertar, talvez o único agora praticado no Brasil, nos parece o mais apropriado ao seu clima, o mais fácil de se executar, e por estas razões o que deve merecer a preferência na maioria dos casos.

Ele se executa formando com dois cortes perpendiculares um a outro que repartem a casca e o líber, a figura de um T em qualquer parte do tronco ou ramo são e perfeito de uma árvore, com o cabo de faca ou aparador empregado, ou qualquer instrumento pontudo de ferro ou madeira, levantam-se levemente as duas porções de casca compreendidas entre os braços e pé do T, e introduz-se rapidamente neste vão o gomo que se quer enxertar, ao qual se retirou toda a entrecasca sem ofender o líber, de forma que a parte superior do olho, o botãozinho, esteja pegado ao corte superior; logo depois as porções de casca sublevadas apertam-se sobre o bocadinho de casca que se conservou à direita e esquerda do botão, quando se separou da mãe natural para o remeter à mãe de adoção, e o tudo se segura com a ligadura e unção já mencionadas.

Se houver cuidado de pôr este enxerto do lado do sul oposto ao sol, e de a fazer em estação própria de inverno ou invernadas, todos os dados estão em favor do sucesso. Aliás para maior segurança fazem dois ou três enxertos no mesmo indivíduo. A árvore enxertada se poda acima do botão adotivo, quando este se tem desenvolvido.

Varia-se de bastantes modos este método; v. g., tira-se uma porção ou um anel inteiro de casca sem gomo, em lugar de que coloca-se outro anel de porção ou igual siso e largura de outro indivíduo que tenha dois ou três gomos.

Descobriu-se ultimamente o método de enxertar as porções herbáceas das árvores e das plantas e ervas mesmo anuais; mas esta invenção cuja utilidade se aplica mormente ao enxerto das árvores da espécie dos pinheiros, abetos, &c., ainda não teria para nós serventia alguma que passasse de mera curiosidade.

Observações gerais.

O que temos dito basta para todo o agricultor inteligente no estado atual da nossa agricultura. O imenso número das árvores que por algum préstimo merecem ser cultivadas, obsta a que ninguém as possa ter todas na sua fazenda, quanto mais que as estude e trate com igual mimo, portanto daremos a todo o homem de senso o conselho de se limitar, na multiplicação e tratamento, de predileção àquelas espécies mais úteis e que melhor se dão com o clima e solo da sua habitação, podendo entretanto procurar alguns pés das outras para recreio ou capricho; aconselhar-lhe-emos também que entre as da sua cultura ele escolha duas ou três qualidades mais do seu gosto para ensaiar nelas os melhoramentos possíveis pelos métodos que acima mencionamos.

Pela mesma razão nada diremos das árvores que servem somente para lenha ou madeiras. O número das frutíferas é não extenso (havendo aliás entre elas muitas cuja madeira é excelente para a construção, quais as jaqueiras), e os matos cobrem ainda tão grande parte do nosso território, que durante séculos os agrônomos brasileiros não terão que cuidar deste ramo da sua ciência. Assim mesmo queremos insinuar aos nossos leitores a necessidade que há, desde já, de não abusar deste manancial de riqueza quase inesgotável que a natureza nos outorgou, não só pela razão da economia a favor de nossos vindouros como mesmo para a boa conservação da terra e temperamento da nossa atmosfera; não só os matos defendem e engordam o chão em que nascem, como obstam ao furor dos ventos, aos ardores do sol, chamam as nuvens para refresco da atmosfera e produção de fontes e corgos, e purificam o ar absorvendo os gases deletérios, e exalando o oxigênio. Estes serviços são ainda mais precisos nas serras e morros, a ponto de que o descortinamento de grande porção deles pode ocasionar uma sensível alteração do clima e notável diminuição das águas, como acontece no Rio de Janeiro, cuja diferença de clima foi observada desde a vinda d'el-rei d. João VI. A grande extensão que a cultura tomou nas vizinhanças da cidade e indiscreto corte de matas que causou originaram sem dúvida esta alteração.

O calor está notavelmente mais intenso. As trovoadas outrora diárias são raríssimas, e finalmente, de tantas fontes próximas à cidade, umas já secaram de todo e outras correm mais escassas.

O governo deu a miúdo providências para coibir o corte das matas sobranceiras aos aquedutos; porém estas ordens, como outras muitas, são pouco observadas. Um sistema permanente de devastação assola e desguarnece as fraldas da serra do Corcovado e das serras da Tijuca, e entretanto um respeito sagrado se deveria apegar àquelas matas, que tanto préstimo têm para ornato, refresco e purificação da atmosfera da cidade. O governo deveria dar nelas um exemplo do modo por que todo o lavrador, lembrado das gerações futuras, haveria de tratar seus morros deixando cada pico isolado com uma coroa de uma terceira ou quarta parte da altura total do morrão. As matas e catingas das fraldas íngremes e barrancos merecem igualmente serem poupadas. Quem observar semelhantes regras nos seus roçados será premiado pela conservação dos declives, cuja fertilidade míngua depressa por as chuvas levarem o húmus consigo. As matas sobranceiras suprirão estas folhas com novo húmus, e ajudarão a viçosidade das plantas pela sua sombra e umidade que atraem.

Muitos fazendeiros se ocupam em tirar madeiras, ou ocasionalmente para suas construções, ou por especulação lucrosa. A grande abundância dos paus de diferentes qualidades faz com que eles sejam pouco poupados neste trabalho, e esperdiçam muitos pedaços ou acessórios, que não deixam de ter seu valor. A falta de condução ou dificuldade dos caminhos são muitas vezes causa deste desleixo. Dar-lhes-emos o conselho de serem mais econômicos, e de se lembrarem do seu futuro, ou ao menos do de seus filhos. A qualidade dos caminhos merece-lhes também alguma atenção. Muitas vezes meia hora do trabalho de seus escravos para entulhar um caldeirão ou tirar uma pedra poupará

Capítulo 13

muitas horas e muitas fadigas na condução; não raras vezes rebenta um boi por falta de uma tão pequena atenção. Outro meio de aliviar muito o transporte das vigas e tabuado é o uso de dois jogos de rodas com seus competentes eixos, independentes um de outro, sobre as quais as duas extremidades do fardo descansam.

Desta indústria não diremos mais, por ela não entrar senão indiretamente no nosso assunto.

Capítulo 14

Das fazendas de gado.

Este ramo de produção ainda se acha no Brasil na sua primitiva simplicidade, e não há nem motivo, nem possibilidade de o melhorar, logo que a vasta extensão dos terrenos destinados à cria dos gados, a benignidade do clima, pouco número de braços de que se pode dispor para o tratamento, barateza dos animais e imensas distâncias a que se acham os mercados concorrem para determinar os deveres e ocupações da vida pastoril, precisamente como os nossos fazendeiros de gado as desempenham, à imitação de todos os povos pastores, desde o tempo de Abraão até os nossos dias. Portanto nosso manual de pouco servirá para homens que por tradição e prática sabem perfeitamente todas as obrigações da sua profissão. Eles não precisam teoria para ferrar uma fazenda, estabelecer currais, laçar o gado, esfolá-lo, moquear a carne, sarar uma bicheira, caçar as onças e ti-

Capítulo 14

gres, conduzir uma tropa, empregar os couros para seus utensílios e vestimenta, e preparar os laticínios. Durante largos anos estes conhecimentos práticos lhes bastaram; somente quando a população e agricultura invadirem as vastas solidões hoje abandonadas à criação do gado, ao mesmo tempo que exigirão maior porção de animais para o trabalho ou a comida, é que a arte do criador de gado poderá se modificar e complicar.

Entretanto, os donos de fazendas mais ricos e curiosos poderão achar neste manual algumas noções que lhes sirvam para acrescentar as comodidades da sua vida e ornato da sua morada. Nada se opõe a que se dêem o regalo de ter bons pomares e belas hortas. Os mesmos currais estão muito aptos para este fim, pelo estrume que os animais neles deixam, e vimos nos sertões bastantes exemplos de emprego dos antigos currais semelhantes; chamam estas hortas improvisadas e assaz desordenadas *malhadas*. Bastaria acrescentar simetria, e trazer da proximidade algum regato de água para obter resultados agradáveis a par de pouco custosos.

Daremos aos mesmos fazendeiros ricos o conselho de procurar a todo preço os pais das mais belas raças de gado cavalar e vacum, para melhoramento das suas crias. A natureza admirável dos pastos secos ou de brejos promoveria *de per se* a perfeição das espécies, a ponto de igualarem as mais gabadas das regiões natalícias; aliás este cuidado é de restrita obrigação para os que governam, como mais abaixo o diremos.

Não deixaremos estes senhores fazendeiros sem se lhes fazer observar que as superstições e crenças populares em patuás e orações estrombáticas, tão usuais na medicina selvagem dos sertões, de nada servem para curar as doenças e acidentes do gado. A intervenção do céu não se alcança por meios tão grosseiros, sim por um trabalho incansável e uma vida inocente.

Capítulo 15

Dos animais úteis à agricultura.

Depois de termos falado resumidamente das fazendas de gado, devemos dizer uma palavra dos animais que concorrem para o serviço, defesa, fartura e divertimento de todo e qualquer estabelecimento agricultural, desde o engenho de maior extensão até a simples palhoça do índio. O cão aparece em primeiro lugar para três serviços de primeira necessidade; como colaborador da caça, como guardião incorruptível da casa e dos bens, e como feitor vigilante das outras espécies. O boi, jamais assaz gabado, a vaca, cujo préstimo realça tanto que é objeto de adoração na Índia, o cavalo, orgulho da raça dos quadrúpedes, o jumento aturador, a espécie híbrida do gado mular, incumbida de todo o comércio interior do Império, disputam entre si de utilidade. Logo depois os laníferos, as cabras, os porcos entram em linha, e finalmente, a numerosa tribo das aves, capitaneadas pelo galo arrogante e sua família incomparável, delícias de todas as nações e de todos os indivíduos, do monarca e do escravo, e desde os pólos até o equador, continuam o longo enxame que os mesmos insetos fecham, pois que muitos de entre eles, quais a abelha e o bicho-da-seda, prestam serviços inestimáveis.

Cada uma destas numerosíssimas espécies carece na Europa de grandes desvelos, e é objeto de sumo trabalho; no nosso abençoado país, todas elas se criam, por assim dizer, à lei da natureza, e uma vez que acham suficiente sustento não pedem cuidado algum para prosperar; entre mil exemplos, citaremos o do carneiro. Lá, os rebanhos exigem pastor, cães, abrigos no inverno e alimentos, e são atacados por grande número de enfermidades e epidemias. Cá, ninguém se lembra das ovelhas, senão para matar ou vender alguma. Elas vão de moto próprio ao pasto e voltam quando bem lhes parece, ordinariamente a horas fixas de manhã e de noite, mormente se na véspera esperam pescar alguma mandioca ou milho; dormem debaixo de qualquer árvore ou rancho, e multiplicam tanto que aonde havia um só casal, no fim de poucos anos aparecem manadas. O mesmo acontece com os porcos, as galinhas e geralmente qualquer criação.

Todavia, à proporção que a população se tornar mais

CAPÍTULO 15

intensa, o lucro da criação dos animais haverá de aumentar, bem como a necessidade de empregar nela maior atenção e cuidado. Esta observação já se pode fazer nas vizinhanças das grandes cidades. Lá mil produtos perdidos nos sertões acham extração, quais o leite, os ovos, &c., e também o sustento dos animais que os produzem pedem desembolsos em trabalho ou compras.

Todas as nossas espécies de animais domésticos nos vêm dos outros continentes, o que comprova o estado de atraso de civilização em que os descobridores acharam as nações indígenas. Verdadeiramente a América, tão magnificamente dotada pela natureza, e nos reinos vegetal e mineral, foi escassamente brindada de animais. A anta, espécie de abada, é o único quadrúpede paquidermo de tamanho graúdo que se encontra no Brasil, e este não parece suscetível de grande educação; mas várias espécies de catitus, ou porcos-do-mato, e de aves, quais os jacus, mutuns, macucos, mereciam ser domesticadas, e ainda hoje valem a pena que algum agricultor curioso se empenhasse nesta inocente conquista. Bastaria procurar os jovens ou ovos da espécie que pretenderia amansar, e guiando-se pelas observações que teria feito dos alimentos e hábitos dela, seguir a natureza passo a passo para acostumar à vida caseira estes filhos dos matos.

261

As galinhas serviriam para chocar os ovos e guiar a família de adoção. A segunda ninhada daria já menor trabalho que a primeira, a terceira geração talvez já de todo se mostrasse amansada. O encruzamento com variedades de espécies vizinhas, v. g., do jacu com o peru, seguraria de todo a conquista, &c.

[...]

Da utilidade da naturalização
de animais domésticos.

A imensa reputação dos cavalos ingleses é devida aos desvelos que se tomaram para melhorar as raças. Estes mestraços em ciência industrial não têm poupado despesas e cuidados os mais melindrosos para adquirir e importar pais e éguas das regiões aonde eram mais afamados, e parece que não esfriam para conservar a qualidade das raças que obtiveram, renovando-as com o tipo originário. Ultimamente comprou-se a Edimburgo um pai árabe, de três anos de idade, pela quantia de perto de 2 mil libras esterlinas (quase oito contos de réis de prata). Era muito para se desejar que

CAPÍTULO 15

o Brasil imitasse semelhante exemplo. A criação do gado, sendo a ocupação de todos os fazendeiros dos sertões, o benefício que resultaria para eles, e por conseqüência para toda a comunidade, não se pode avaliar. A raça arábica daria-se, a nosso ver, maravilhosamente bem nos sertões secos de Goiás, Ceará, Piauí, &c. As campinas oferecem neles gratuitamente aquilo que, só por milagre da arte, os ingleses puderam obter na sua ilha úmida, a saber, pastos de capim fininho e raro em terrenos calcários e areentos. Cá restanos a fazer, para obter resultados superiores, aquilo que para eles era o mais fácil, quero dizer, adquirir os chefes dos rebanhos, e espalhar entre os peões as sãs doutrinas. A natureza, tão parcial no Brasil, se incumbiria do resto. O Brasil, favorecido acima de quantas regiões tem o globo, na sua capacidade vegetal, não o está menos relativamente às espécies animadas que pode aproveitar. Não existe nenhuma casta de animais domésticos que não possa propagar aqui, e nenhuma há que não mereça ser naturalizada, à exceção da dos elefantes, que mais servem para a magnificência do que para o lucro, e cujos serviços não equiparam o importe da sua compra e sustento: podemos julgar, por um exemplo à vista, da utilidade destas pacíficas conquistas. O boi da Índia (*Bos indicus*), transportado cá, tem produzido por sua união com a raça européia (*Bos taurus*), já naturalizada entre nós há muito tempo, esta valente e lindíssima raça, de pontas tão lisas e regulares, e de aspecto nédio, cujas juntas se encontram na cidade a miúdo: ouvi dizer a vários donos que eles a preferiam à raça ordinária, pela propriedade que tem de aturar bem no serviço, e de se conservar em bom estado de saúde. O que dizemos do gado vacum se podia aplicar a várias espécies raras de porcos, carneiros, cabras, &c., que vemos prosperar aqui. Mas estes melhoramentos não se estendem à totalidade do Império; e enquanto o governo não considerar como um dever seu generalizá-lo em todas as províncias, eles antes servirão à curiosidade do que ao benefício; entretanto é impossível apreciar o quanto a introdução de um animal novo pode cooperar à prosperidade de um país. A arte de salgar os arenques levou a Holanda ao ponto de importância a que chegou. Inglaterra deveu sua opulência às lãs dos seus carneiros; um simples inseto, a cochonilha enriquece vastas províncias. E que seria feito das vastas regiões regadas pelo rio da Prata, se os espanhóis não tivessem importado lá algum gado vacum e cavalar, do qual os inumeráveis rebanhos, cujo trato e tráfi-

Capítulo 15

co constituem, para assim dizer, toda a civilização dos habitantes, são oriundos? Ousamos avançar que nosso Império havia de ganhar mais, se o governo tomasse a peito naturalizar nos sertões o camelo, chamado pela gratidão asiática nave do deserto, que perderia se teimasse a entreter no mar uma esquadra igual àquela que se lembrou de mandar ao deplorável bloqueio argentino.[1]

Capítulo 16

Flagelos que perseguem o agricultor.

A sentença que condena o homem a ganhar seu sustento ao suor do seu rosto, toma dobrada força dos obstáculos e perdas que os trabalhos do agricultor encontram nas irregularidades das estações, e hostilidades de um sem-número de inimigos, cujos menores são muitas vezes os mais terríveis, pois que enquanto o lobo ou a onça contentam-se com levar um leve tributo sobre os rebanhos, a lagarta, a formiga, o gafanhoto não raras vezes aniquilam as esperanças de uma província. Entretanto, se existe na superfície da terra um país mais poupado do que o outro, devemos com gratidão reconhecer que é o Brasil. Cá, nem as secas devoradoras da África e Ásia, nem os gelos tardios das zonas temperadas, nem os tufões de Pedras, os furacões das Antilhas nos castigam; cá não há vulcões nem terremotos. Entre tantos flagelos naturais, somente a falta das chuvas periódicas

Capítulo 16

vem de tempos a tempos afugentar os criadores de gado das regiões centrais ou sertões, e adustar as poucas plantações que fazem. Raras vezes a seca danifica muito as lavouras da beira-mar e planícies de nível com os grandes rios, e quando a população for mais numerosa e a indústria mais desenvolvida, o sistema de canalização remediará este mal pela facilidade de irrigar as culturas. Nos sertões, regados no inverno por rios caudalosos, os quais secam de todo ou em parte durante o verão, estes poderão, nas suas nascentes, ou em qualquer parte aonde o terreno fosse propício, serem represados por diques para se formarem lagos e mares artificiais, com massa de água suficiente para nunca secarem. Mas tão gigantescos trabalhos são reservados para gerações ainda muito avante no porvir. O único recurso que a nossa indústria pode agora empreender para aliviar os danos da seca é a construção dos *poços artesianos*. Moderna invenção que nos explica os milagres de Moisés no deserto, pois que do sílex ou do quartzo faz repuxar veias da água a mais cristalina e deliciosa. Esta descoberta é de tanta utilidade, e pode vivificar de tal forma os sertões mais íngremes e faltos de umidade e vegetação que daremos por extenso, no fim deste capítulo, a memória que a verdade publicou sobre os poços artesianos, convidando os sertanejos a que promovam, por todos os meios a seu alcance, a sua introdução e multiplicação. Exceto o flagelo atmosférico das secas, o agricultor brasileiro tem pouco a recear dos outros da mesma natureza: raras vezes as demasiadas chuvas fazem grande mal às colheitas; elas podem obstar à secatura do café nos terreiros; mas o emprego das estufas remediará este inconveniente.

É na classe dos insetos que se acham os mais tremendos inimigos da agricultura, se bem que entre nós os estragos que tão execráveis animalejos fazem não sejam comparáveis às devastações dos gafanhotos nas culturas da Ásia e da África. O mais nocivo entre nós não ataca diretamente as culturas, mas o gado; é o carrapato ixodídeo (do gênero *Acharus* da família dos ápteros), abominável bichinho, cuja existência, assim como a de muitos outros que pastam e multiplicam sobre o corpo dos homens e espécies maiores, pode muito bem induzir o espírito a acreditar que o gênio do mal teve seu quinhão no fabrico deste nosso globo.

Eis o que os naturalistas dizem de um ente tão execrando.

Os ixodídeos são de tal forma ávidos de sangue, e enterram tão profundamente a tromba na pele dos animais, que não é possível arrancá-los sem perigo. O mesmo homem não escapa; sobretudo, em várias regiões da América eles se tornam ter-

Capítulo 16

ríveis pela inumerável quantidade com que infestam os matos. De ordinário os arbustos, plantas e folhas secas que cobrem o chão estão recheados de infinito número de carrapatos, que, apenas sentem a proximidade de algum corpo animado, se lhes apegam, e não raras vezes têm-se visto cavalos, bois, coelhos, &c., tão cobertos deles que não era possível introduzir a ponta de uma faca nos interstícios. A tal ponto o animal definha, seca e expira nos tomentos e desesperações!...

Uma vez saturados de sangue e chegados ao grau de inchação competente, os carrapatos caem *de per se*, e a porção de ovos que cada um deita passa de mil.

Ninguém ignora no campo a insuportável comichão que o carrapato ocasiona, nem o risco que há em querer tirá-lo com violência. A tromba quebra e, ficando na ferida, causa uma ulceração rebelde. El-rei d. João VI conservou mais de seis anos a perna doente da mordidela de um carrapato, ou por manha, ou porque a chaga se tornou crônica. Porém, oxalá este ataque à majestade fosse o único mal que tão infernal bichinho houvera de fazer ao Brasil! Não se passa ano sem que grande porção de gado sucumba à invasão de um inimigo na aparência tão desprezível, e, a certas épocas, a perda não se limita a algumas cabeças, mas vira em calamidade geral como ultimamente em 1829, quando todas as fazendas e engenhos das províncias centrais e de beira-mar foram literalmente assoladas, ficando apenas com a terça parte do seu gado, e este em péssimo estado.

Muitos são os remédios que se têm ensaiado para aniquilar tão horrível peste; mas a certas épocas as circunstâncias favoráveis à reprodução dos ixodídeos são tais, e sua abundância tão exuberante, que não há tempo nem braços para acudir aos animais atacados, além de que certos remédios são por sua natureza nocivos.

Os mais eficazes de todos são as preparações mercuriais, depois destas as unções de substâncias oleosas e gordurentas, que entopem as traquéias ou órgãos respiratórios destes insetos, e os afogam. Outras, quais as sementes de estafiságria, delfínio, noz-vômica, e fumo reduzidos em pó, obram à moda de violentos venenos.

Após o carrapato vem a formiga-carregadeira, cujos danos são muito menos importantes, porém que não deixa de perseguir e desesperar os agricultores em toda a superfície do Brasil, invadindo quanta cultura delicada ele tenta empreender, e fazendo guerra incessante, mais cruel ainda de noite que de dia. Felizmente, a tal formiga não ataca os vegetais de grande cultura, quais a cana, a mamona, o algodoeiro, o cacauzeiro, &c., mas todos os vegetais destinados

CAPÍTULO 16

ao alimento ou à recreação são do seu gosto, bem como os gêneros já maduros ou preparados, quais o milho, farinha, açúcar, &c., que levam grão por grão com tanta ordem, presteza e número de portadores, que no espaço de uma noite dão conta de um grande montão. As substâncias oleosas ou gordurentas são-lhes odiosas, e jamais coisa que tem ou teve vida é por elas assaltada, bem diferentes nisto da formiga-de-fogo ou de-visita, que fazem crua guerra aos insetos, desprezando os vegetais; estas, em vez de serem perniciosas, limpam as casas das baratas, vermes, e outras imundícies animadas que as infestam.

Se a quantidade das carregadeiras não fosse tal que o Brasil inteiro está, por assim dizer, saqueado por elas, não seria desagradável observar a sua arte, e boa disciplina que guardam nas suas colheitas, indo em fileira, cada uma com seu retalhinho verde, de forma que parece uma procissão, a ponto que os naturalistas dão a esta espécie o nome de *processionária*.

O modo por que procedem ao assalto de uma árvore, qual uma laranjeira, não é menos curioso. Enquanto umas subidas nela cortam pelo pé as folhas e ternos galhos, outras no chão despedaçam estes despojos em porções assaz manejas para serem levadas pelos portadores que as carre-

MANUAL DO AGRICULTOR BRASILEIRO

gam rapidamente até sua vila subterrânea, arredada às vezes mais de quarto de légua, e na qual um grande número de ruas mais ou menos compridas e largas vão dar em espaçosos vãos ou panelas aonde as larvas dos filhinhos são agasalhadas e criadas. Muita gente acredita que os retalhos de folhas servem-lhes de mantimento; porém nossas próprias observações, confirmadas pelo que temos lido em autores de história natural, nos persuadem que a utilidade que tiram das folhas, ao menos de grande parte delas, é o guarnecer a cama dos filhos e alcatifar seus salões.[1] Lá vão parar os despojos de mil árvores e plantas silvestres ou cultivadas, que têm o tecido nimiamente tenro para resistir à terrível tesoura deste bichinho que nada poupa, e por um instinto fatal parece dirigir-se com preferência àquilo que se mima por seu préstimo, beleza ou raridade. Se na roça ou na horta o lavrador se apaixona por alguma flor preciosa, alguma árvore nova de frutas saborosas que pretende aclimatar ou multiplicar, algum vegetal exótico, é preciso que vigie incessantemente sobre seu pupilo, senão as formigas vão lá direitinho, e, no espaço de uma noite, apenas lhe deixam o tronco e ramos, viúvos de sua verdura. Ao raiar da aurora, o dono que destina sua primeira visita à flor benquista não raras vezes verte lágrimas de raiva ao aspecto do esqueleto.

272

Capítulo 16

Tais e tão repetidos ataques têm certamente promovido um rancor e um insaciável desejo de vingança na nossa população agrícola, que persegue este daninho monstro com ferro, fogo e veneno. Porém é combate de leão contra mosquito. Embora o homem destrua nesta guerra de exterminação milhões dos seus inimigos, eles acodem em massas ainda mais numerosas. Embora, já na defensiva, cerque suas hortas com valas de água corrente, eles acham na menor palha uma ponte, quando não fazem-na à custa de milhares de Décios[2] que se sacrificam de bom grado para facilitar a passagem ao resto do exército. Finalmente, a constância do agricultor cede à teima de tão fraquinhos invasores, e deixa inculto o lugar destinado ao ornamento e fartura da sua casa, e ao recreio o mais suave e o mais idôneo da sua profissão; ele trata somente das culturas grandes; e entre os motivos do atraso da horticultura em quase todas as comarcas do Brasil, um dos preponderantes é sem dúvida a eterna e zangante guerra que se deve sustentar contra as formigas.

Entretanto vimos fazer esforços gigantescos contra elas. Vimos fazendeiros empregar, durante quarenta dias, o trabalho de meia dúzia de pretos, para extinguir um único formigueiro e cavar valas de mais de seis pés de fundo, para chegar à capital do inimigo ou panela principal. Outros dirigem córregos de água sobre os formigueiros, e amassam barro e formigas, outros finalmente com foles, enxofre, fumo e panelas velhas enfumaçam-nas, introduzindo nas suas galerias os vapores mortíferos. Mas de que serve tudo isto, mormente nos lugares de que as formigas tomaram antiga posse? todo o chão se acha, por assim dizer, cavado, minado e por elas ocupado, e não é difícil persuadir-se disto sabendo que, à época da reprodução, os machos e fêmeas criam asas, porque somente no ar se ajuntam, e desde que estas se acham fecundadas, aqueles morrem, e elas esvoaçam no chão, aonde seu primeiro cuidado é de se desembaraçar das asas por meio das pernas e cabeça, cavando logo o terreno, sendo de barro ou areia, porque no massapé não se aninham. Aonde uma entrou é a sede de uma nova sociedade: porque põe imediatamente ovos e cria depressa operárias para a ajudarem no trabalho de educar a sua subseqüente progênie que pare à proporção que existem indivíduos capazes de tratarem dos novos filhinhos; prodigioso efeito do instinto e digno de toda a admiração, se os resultados não fossem tão nocivos.

Ordinariamente as fêmeas ou rainhas das formigas, apelidadas de tanajuras, escolhem uma tarde serena e solejada, depois de tempo chuvoso, para celebrarem seu himeneu, e

Capítulo 16

este dia é feriado para um sem-número de aves, insetos e quadrúpedes que nelas pastam até a saciedade. Mesmo certos sertanejos, e sobretudo caboclos, não as desprezam, e comem a parte abdominal frita em gordura, gabando este manjar como saboroso e afrodisíaco. Porém, toda esta destruição não obsta para que escape um número sobejante para infestar um distrito.

De todos os meios empregados para destruir as carregadeiras, o menos trabalhoso e mais eficaz, na nossa opinião, é o uso das fumigações; mas o método das panelas velhas e furadas que se enterram por cima das entradas das galerias, e dentro das quais o fogo e ingredientes para dar fumaça vão de mistura, aplicando ao furo o fole para excitar o fogo, além de pouco certo, incomoda a gente incumbida deste serviço. Era muito melhor substituir uma retorta de barro ou ferro fundido com bico curvo, assaz largo, para admitir os materiais da fumigação. A este bico se adaptaria exatamente um cano de latão, cuja outra extremidade se submergiria na galeria principal, grudando-o bem com barro molhado. A retorta seria sustentada em cima de um fogareiro, no qual se incendería lume; como por uma espécie de destilação, todo o vapor do enxofre, sulimão, arsênico e outras drogas suscetíveis de se volatilizarem seria empregado na cidade subterrânea, levando a destruição aos mais remotos esconderijos. Um aparelho destes pode se executar em qualquer parte do Brasil.

A necessidade gera a indústria. Os camponeses tendo observado que havia uma casta de formigas, por eles apelidada *subaúma,* que faz crua guerra às carregadeiras e as devora, foram-na buscar nas matas, e trazendo-as às suas roças, até lhes facilitaram a passagem de uma árvore para outra por via de cipós e cordas atravessadas. Vimos no Maranhão um belo laranjal preservado por este meio, o qual aliás não pode ser tão geral e tão eficaz como o das fumigações.

Entre todas as substâncias venéficas usadas contra a formiga-carregadeira, a mais violenta, conforme nossa experiência, é o sulimão (muriato suroxigenado de mercúrio). Basta empoeirar com uma leve pitada deste tremendo veneno feito em pó a entrada de um formigueiro para suscitar uma guerra civil horrenda. Todas aquelas que provam ou tocam somente o sulimão criam uma tal raiva que se lançam às irmãs e mordem nelas: estas semelhantemente entram a enfurecer, e a doença pega em quantas acodem ao combate. Em breve formam-se massas que fervem com um ruído procedido das tesouradas que cortam pernas, barrigas, e decepam cabeças. Tendo algumas vezes deitado o su-

CAPÍTULO 16

limão ao entrar da noite, achamos no outro dia milhares de cadáveres amontoados nas proximidades das portas. Mas como cuidamos ter observado que, uma vez envenenadas, elas se abstêm, por instinto de amor materno ou física influência das dores que as obriga a ficar ao ar livre, de penetrar no interior do formigueiro, a epidemia não chega a toda a tribo, e depois de alguns dias de folga as perdas se reparam, a porta fatal se entulha ou se abandona, mas outra se abre na proximidade de onde novo enxame sai a fazer novas invasões. O sulimão volatilizado sem dúvida produziria efeitos mais ativos de que seus pós: portanto, instamos com os lavradores para que façam repetidos ensaios com o nosso aparelho.

O arsênico, apesar de o termos também empregado contra as carregadeiras, nunca nos deu semelhantes resultados. Mas certas formigas o aborrecem de tal forma, que apenas se salpicou o lugar aonde se aninham, logo desaparecem. O arsênico afugenta o cupim, outra peste, cujos estragos ainda que não sejam tão gerais como o das carregadeiras, nem por isso deixam de incomodar, porque suja e destrói tudo quanto está a seu alcance, à exceção dos metais; porém, talvez o cupim cause ainda maiores danos nas cidades do que nos campos, e este flagelo não é peculiar da agricultura.

MANUAL DO AGRICULTOR BRASILEIRO

Depois da formiga-carregadeira podemos apontar a lagarta, ou para melhor dizer, muitas qualidades de lagartas, como o maior inimigo das plantações. Todos sabem que as lagartas são as larvas das borboletas e mariposas, as quais têm o instinto de depositar seus ovos no vegetal destinado a dar o sustento próprio à sua jovem progênie, que antes de criar asas é condenada a arrastrar-se durante certo período de tempo na figura, quase sempre hedionda, de pequeno réptil. Findo este noviciado, a lagarta passa ao estado imóvel de linfa ou crisálida, de onde escapa, qual alma do túmulo, ligeira e matizada de mil cores, para ir divagar pelos ares e pousar nas flores, com as quais rivaliza em brilhantismo e graça. A alegoria desta ressurreição seria sem dúvida encantadora se os estragos da lagarta dessem lugar a outro sentimento que não fosse de ódio e raiva. Cada planta tem, sem dúvida, sua peculiar lagarta; algumas são preia de mais de uma espécie. Também há lagartas que gostam de vários vegetais, e outras que na falta do vegetal da sua predileção não desdenham outros idênticos. Além desta casta de insetos há um sem-número de bichinhos das outras classes e famílias, que, no estado de larva e de inseto perfeito, se sustentam e multiplicam nas cascas, miolo, folhas, galhos, raízes, flores, frutas, e outras partes dos vegetais, cada um dos quais *de per se* pode-se considerar como um microcosmo ou pequeno mundo para as numerosas tribos que nele acham alimento e domicílio. Mas sobretudo é no estado de larva que o inseto é mais voraz e destruidor. Não há lavrador que não conheça por experiência o dano irreparável que as larvas de certos coleópteros e dípteros causam nas frutas maduras ou secas ou ainda vegetando. As laranjeiras, tamarinheiras, &c., oferecem repetidas vezes a triste prova desta verdade; os coqueiros são também perseguidos por uma larva que dá, em breve, cabo deles, quando não a caçam amiudadamente. A lagarta de uma pequena mariposa do gênero das nóctuas se introduz e se cria no miolo dos galhos novos das figueiras e os resseca. A não ser este infame bichinho não haveria terra no mundo que se pudesse avantajar ao Brasil na qualidade, abundância e perenidade das colheitas de figos.*

A par dos estragos desta lagarta andam os da lagarta que ataca os melões, da qual já fizemos menção.

---

* A lagarta das figueiras é inextinguível, e para poder obter figueiras que cheguem à altura e viçosidade das da Europa em regiões menos favoráveis, será preciso praticar o enxerto sobre algumas das espécies bravas que abundam cá.

Árdua e inesgotável tarefa seria a nossa se quiséramos particularizar todos os animalejos que, vivendo à custa das plantas, incomodam o agricultor. Basta comemorar as famílias de *pulgões, percevejos-silvestres, cigarras, gafanhotos, ralos, gorgulhos*, &c., que, fora ou dentro do chão, no estado de larva ou de inseto perfeito, antes das colheitas ou mesmo depois, arrecadam pesado tributo sobre os produtos da agricultura. O remédio geral que se pode aplicar, quando se trata da cultura em ponto grande, é o muito cuidado nas limpezas, e a extirpação das plantas infectadas, e, a respeito das colheitas, a conservação em lugar seco e arejado, visitas freqüentes, e exposição ao sol.

Certas lagartas, durante as chuvas quentes que favorecem seu desenvolvimento, aparecem em tanta abundância que, no espaço de 24 horas, eles dão cabo de um grande campo de capim, anil, &c.; o único meio de salvar a plantação é o sacrifício da parte atacada, secando e queimando todo o feno. Deste modo as larvas não têm tempo de completar as suas metamorfoses, e chegando ao período de borboletas produzir nova geração talvez cem vezes mais numerosa.

Estes inimigos, já lembrados, são os mais temíveis, mas não são os únicos. Basta apontar os quadrúpedes selvagens

Capítulo 16

carnívoros e herbívoros, a detestável tribo dos ratos, os morcegos que chupam o sangue do gado vacum, cavalar e lanígero a ponto de o destruir e mesmo algumas vezes atacam o homem; as aves que comem frutas e grãos nos campos, e mesmo nos armazéns; os répteis venenosos que mordem os homens e os animais que o servem, e sobretudo as infernais raças de insetos, quais mosquitos, maruins, borrachudos, puins, muriçocas, tabões e outros que tais, cujas inumeráveis legiões se saciam no sangue, e em certos sítios peculiares incomodam a ponto de desesperar.

A caça e o progressivo avanço das culturas diminui o número das feras de tal modo que elas afinal desaparecem. Contra a mordidela das cobras há muitos antídotos, dos quais o melhor, na opinião de Mr. Saint-Hilaire,[3] é a cachaça ou aguardente de cana que serve de veículo a todos, e basta *de per se* para imprimir à circulação um choque capaz de expelir o vírus contagioso; mas contra os ataques dos vis e infames insetos que devoram o homem e animais domésticos que o ajudam nos seus trabalhos, não há remédio senão fugir ou tomar paciência.

Capítulo 17

Cursos agronômicos em fazendas-modelos.

Em lugar dos cursos jurídicos que devem inundar o Brasil de jurisconsultos formados no antigo direito romano e ordenações do Reino, talvez tivesse sido melhor que as Câmaras instituíssem cursos agronômicos, aonde os filhos dos habitantes mais abastados, destinados a serem algum dia senhores de grande número de escravos em engenhos e fazendas, se formassem na nobre e benfazeja ciência da agricultura, base de toda a civilização, fonte de toda a riqueza, com especialidade da brasileira, entrando também certo número de jovens de boa índole e aptidão antecipada, mas pouco favorecidos dos bens da fortuna, os quais seriam habilitados para serem excelentes administradores, ou para servirem as cadeiras dos mesmos cursos, ou outras idênticas que as províncias, comarcas ou vilas quisessem instituir.

Como para fazer o bem nunca é tarde, e que as Câmaras Legislativas ou alguma Câmara Provincial podem de um dia para outro querer promover alguns estabelecimentos de utilidade tão transcendente, damos aqui o plano de um destes cursos em fazenda-modelo, na forma que, depois de maduro exame, julgamos mais idônea para educar prática e teoricamente excelentes chefes de grandes estabelecimentos agrícolas.

Administração.

Um diretor presidente do conselho de administração com o ordenado anual de	1:600$000
Um tesoureiro secretário	1:000$000
Um administrador geral	1:000$000

Lentes de primeira classe.

Um lente de agronomia	1:000$000
— de botânica	1:000$000
— de zoologia e arte veterinária	1:000$000

MANUAL DO AGRICULTOR BRASILEIRO

— de medicina doméstica, o qual ao mesmo tempo
será facultativo do estabelecimento 1:000$000
— de química aplicada à agricultura 1:000$000
— de mineralogia e montanística 1:000$000
— de direito constitucional e de economia
política 1:000$000

Estes sete lentes, com o tesoureiro secretário e o administrador geral, formarão, debaixo da presidência do diretor, um conselho de administração, que estabelecerá todos os regulamentos em conformidade do plano primitivo, regulará todos os negócios do estabelecimento, receberá as contas do tesoureiro e administrador geral, procederá aos exames e provimento das cadeiras, &c.; decidindo-se tudo à maioria absoluta de votos que o diretor desempatará, quando for preciso, não podendo haver sessão sem que sejam reunidos a metade e mais um dos membros do conselho.

O diretor, além da presidência do conselho de administração, será incumbido da correspondência com as autoridades e parentes, da disciplina interior, inspeção de todos os serviços, e manutenção geral da ordem.

O tesoureiro secretário fará as receitas e despesas debai-

CAPÍTULO 17

xo da direção do conselho de administração, conservará as atas do mesmo, e será incumbido da contabilidade geral do estabelecimento.

O administrador geral terá a seu cargo, debaixo da direção do conselho de administração, o governo de todos os trabalhos agronômicos da fazenda-modelo, governança dos empregados fabris e escravatura, arrecadação das colheitas, cujo emprego, para consumo interior e venda, lhe pertencerá debaixo das ordens do conselho de administração e inspeção do diretor presidente.

Além destes empregados o conselho de administração nomeará cada semestre, de entre os sete lentes, um vice-presidente, o qual suprirá às vezes do presidente, quando este for empatado por doença ou ausência, e além disto terá debaixo da sua particular inspeção o regime interior do colégio dos alunos.

Lentes de segunda classe.

Um lente de aritmética, geometria
e álgebra elementar   800$000

— de mecânica dinâmica e hidrodinâmica
aplicadas à agricultura   800$000
— de aritmética rural, corte das pedras,
fatura de estradas   800$000
— de desenho aplicado com preferência
à botânica   800$000
— de história natural, elementos
de geografia e história universal   800$000
— de poesia e literatura nacional   800$000
— de música   800$000
— de dança   800$000

Outros empregados.

Um oficial reformado instrutor do manejo
de armas e manobras militares, além do
competente soldo, gratificação de   400$000
— reformado de cavalaria instrutor
de picaria dito   400$000
Capelão   800$000

CAPÍTULO 17

Mestres engajados.

Um mestre pedreiro.

— Serralheiro.

— Mecanista.

— Carpinteiro.

— Carpinteiro de carretas.

— Marceneiro.

— Seleiro.

— Tanoeiro.

— Refinador de açúcar.

Um mestre destilador.

— Ferrador veterinário.

— Caldeireiro.

— Oleiro.

— Caboqueiro.[1]

— Hortelão.

— Alfaiate.

— Sapateiro.

Além destes mestres engajar-se-ão três ou quatro famílias de lavradores europeus, cujos indivíduos sejam peritos na lavoura com arados, manejo de todos os instrumentos de agricultura, tratamento do gado grande e miúdo, da criação do pátio, do bicho-da-seda, das abelhas, no fabrico da manteiga, do vinho, &c.

Finalmente, ao menos 150 pretos de ambos os sexos pertencerão ao estabelecimento.

OBSERVAÇÃO. — Além dos seus ordenados, os administrador, lentes, mestres engajados e mais empregados, com as suas respectivas famílias (e é de desejar que a mor parte as tenham), terão casa e mesa, a saber: uma ração diária por cabeça de tudo quanto se der do produto da fazenda aos alunos (e passados os primeiros anos tudo o que se consumir para o sustento deve sair da produção, exceto talvez o pão e o vinho).

Para este fim, a fazenda-modelo deve ser estabelecida em margem de rio ou córrego abundante, em terreno variado e excelente, escolhendo-se de preferência alguma fazenda que tenha pertencido ou pertença ainda ao governo ou alguma ordem religiosa, e o primeiro cuidado seria de delinear uma grande horta e jardim botânico com todos os competentes quesitos, e de organizar todos os serviços e plantações que dizem respeito às culturas de mantimentos e criação de animais destinados à mesa, como bois, porcos, carneiros, galináceos, &c. Logo depois se organizará a cultura grande

Capítulo 17

de gênero ou gêneros de comércio mais proveitosos, relativamente à situação da fazenda, natureza dos terrenos e tráfico da praça de comércio mais próxima, sem que haja descuido de cultivar em ponto mais reduzido para fartura da casa, e ensino dos alunos, os diferentes gêneros agronômicos já cultivados ou aptos a serem cultivados no Brasil.

Em ramo nenhum, mesmo o mais insignificante, haverá desleixo ou esperdício; pelo contrário a melhor ordem e vigilância presidirão à metódica conservação, repartição e ulterior destino de todos os produtos, e os discípulos serão acostumados a tirar partido dos mínimos restos, quais chifres, unhas, pêlo dos animais, cascas, folhas dos vegetais, &c.

A horta e jardim botânico estarão debaixo da imediata direção do lente de botânica, e semelhantemente cada lente terá a direção, bem entendido sem entrar em conflito com as determinações do administrador geral, e sob a autoridade superior do conselho de administração, dos trabalhos e empregados pertencentes à ciência que professa.

Os empregados, depois de velhos ou impossibilitados, por doenças e ataques, a servirem seus lugares, serão jubilados com os mesmos ordenados e vantagens de casa e mesa; além disto seus filhos terão direito, tendo idade e mais quesitos, à educação do colégio. De forma que eles não poderão deixar de considerar o estabelecimento como domicílio pátrio, e se fixa de seus penates, amando-o e tratando de o embelezar e aperfeiçoar como cousa sua, da qual, ao mesmo tempo que lhe devem a felicidade e honra de sua vida, dimana uma fonte perene de saber e riqueza para sua pátria.

Dos alunos.

Os alunos serão de duas classes, os livres, que pagarão um subsídio anual fixado ulteriormente (v. g. em 300$ rs. anuais), e os criados à custa da casa, como recompensa dos serviços dos pais, ou serem filhos dos empregados da casa. Não haverá diferença alguma de trato entre estas duas classes.

O tempo da formatura será de sete anos, findos os quais os livres poderão se retirar com seu diploma, e os criados à custa da casa lhe deverão três anos de serviço gratuito ou com diminuto ordenado, para suplentes dos lentes, e feitores chefes de serviços nos lugares que o presidente em conselho determinar.

Findo este espaço eles terão o jus de se retirar, indo servir lugares públicos ou particulares conforme a ocasião e a aptidão.

Capítulo 17

Tanto uns como outros serão habilitados para se opor às cadeiras do curso de primeira e segunda classe que vierem a vagar por morte ou jubilação dos proprietários, sem exclusão das outras pessoas formadas fora do estabelecimento.

O conselho de administração será juiz dos concursos debaixo da confirmação do governo.

Os alunos deverão ter a idade de treze para catorze anos, para serem admitidos e responder satisfatoriamente perante o conselho de administração, sobre o que se ensina nas aulas de primeiras letras e latim. O francês, o desenho e outros estudos não são de rigor para o exame, mas servirão para pontos de satisfação.

Nos primeiros dez anos, rapazes de maior idade, e até homens-feitos, poderão assistir às aulas dos lentes de primeira classe; porém, eles habitarão fora do colégio, e terão o menos possível relações com os alunos regulares.

O enxoval dos alunos constará de saiotes e chapéus de palha para os trabalhos práticos, e de fardetas e bonés à imitação dos da guarda nacional, para as aulas interiores, e traje ordinário ou feriado.

Os alunos livres pagarão o enxoval de entrada, e serão ao depois supridos pelo estabelecimento; os criados à custa da casa serão supridos por ela.

Emprego do tempo.

No verão, como no inverno, os alunos saltarão da cama ao raiar da aurora, ao toque do sino e da corneta, e, vestidos de saiotes, depois de um leve almoço de café, chá ou outro produto da casa, irão três vezes por semana aos roçados e plantações de cultura grande, debaixo da conduta do administrador ou do professor de agronomia, ou de algum suplente ou chefe de serviço de confiança, e lá serão aplicados a qualquer serviço competente, menos ao de cavar a terra. Nos outros três dias as aulas dos professores ocuparão este tempo.

Nos três dias de estudo prático de agronomia, os alunos voltando às dez horas à casa, terão uma hora para descanso, asseio, traje, fatura das camas, &c. Nos três dias de aulas, este mesmo serviço e o almoço terão lugar na primeira hora depois de se levantar.

Às onze horas o jantar de comidas sãs e abundantes, mas preparadas singelamente, com o prato de feijoada, por base, à moda do país.

Meia hora para jantar e meia hora para recreio encherão o tempo até ao meio-dia.

Capítulo 17

De meio-dia até às duas horas trabalho preparatório nas salas.

Das duas até às quatro, aulas.

Às quatro horas os alunos merendarão com alguma fruta da fazenda, e, vestindo os saiotes, irão três dias por semana trabalhar na horta e no jardim botânico, debaixo da direção do hortelão, até se fechar a noite. Todos os trabalhos e variadas culturas destes dois estabelecimentos serão feitos exclusivamente pelos alunos, excetuando apenas o cavar do terreno.

Nos dias chuvosos o trabalho da tarde será feito nos armazéns de guardar os gêneros e sementes, tudo em boa ordem e com letreiros, assim como nos museus de botânica, zoologia, mineralogia, laboratório de química, que serão estabelecidos em grande parte, e pelo decurso do tempo, pelos mesmos professores e alunos. Bem como se instalará uma livraria à proporção que houverem economias.

Nos outros três dias da semana, o tempo que mede das quatro para a noite será empregado nas oficinas dos diferentes mestres, entre os quais os alunos serão repartidos, e não somente observarão o modo de trabalhar, uso dos instrumentos e teoria da arte, mas porão mãos à obra e se ha-

MANUAL DO AGRICULTOR BRASILEIRO

bilitarão na prática. Haverá muito cuidado em escolher mestres bem morigerados e decentes em sua linguagem.

Como o estabelecimento, na ocasião em que se tomará posse dele, achar-se-á naturalmente falto de muitas construções necessárias, estas se farão pelo decurso do tempo, debaixo da direção e sobre os desenhos do lente de arquitetura rural, pelos mestres da casa, aos quais se adicionarão os oficiais e serventes necessários, havendo cuidado em se servir quanto for possível de materiais fornecidos pela fazenda e nela preparados; e isto mesmo será oportuno para que o ensino seja ao mesmo tempo teórico e prático.

Às sete horas da noite a ceia, sã e farta, principalmente em legumes e frutas.

Das sete e meia até nove horas, haverá música, dança e recreio, conforme o gosto dos alunos, ou ao luar no terreiro, ou nas salas.

Nos domingos e dias feriados haverá inspeção geral de limpeza das caixas, camas, trastes e utensílios do uso particular de cada aluno, passada pelo vice-presidente às oito horas, depois da qual haverá manejo de armas até as dez, que haverá missa, e, depois da missa, parada na presença do presidente ou vice-presidente e conselho de administração.

O jantar será mais lauto do que de costume, e depois

Capítulo 17

de jantar haverão grandes passeios militares ou de recreio, às partes mais remotas do estabelecimento. Os alunos dos três últimos anos poderão arranjar caçadas; a ceia e o resto do dia passarão da forma ordinária.

Cada discípulo cuidará da sua cama e dos seus trastes, e não terá auxílio de criado ou pajem algum para tratar da limpeza pessoal e do traje. Somente os trabalhos grosseiros de varrer os quartos e salas e de limpar serão feitos por serventes na ausência dos alunos.

Conforme a idade ou adiantamento, os discípulos serão divididos em companhias, cujos oficiais e inferiores serão nomeados de entre eles, conservados, promovidos ou apeados sobre informação do vice-presidente e lentes, em razão da boa conduta e firmeza de caráter. Em ocasião de manejo militar e manobras, a divisão em companhias e criação de postos serão temporâneas e baseadas na conveniência, havendo cuidado em que cada discípulo no decurso do tempo de formatura passe por todos os postos.

Os oficiais e inferiores serão responsáveis da boa ordem e obediência de sua companhia respectiva, a qualquer tempo e hora, bem como da assistência de seus subordinados a todos os exercícios, trabalhos, estudos, &c.

Os castigos corporais são proibidos. Os erros, faltas e

reincidências serão punidos conforme a gravidade do delito, por privações de divertimentos, dobradas tarefas, prisões, &c., e, havendo incorrigibilidade, por expulsão final pronunciada pelo presidente em conselho.

O conselho de administração fará regulamentos a este respeito, bem como sobre a divisão e ordem dos estudos, observando, quanto for possível, que as aulas de segunda classe estejam percorridas nos quatro primeiros anos, devendo os três últimos serem destinados, com especialidade, às aulas de primeira classe.

Os alunos, depois de aprovados nos estudos dos quatro primeiros anos, passarão no que diz respeito ao ensino militar para a cavalaria, debaixo da direção do professor de picaria, que os adestrará para serem bons cavaleiros e sofríveis oficiais desta arma, exercitando-se em todos os postos, inclusive o de major.

Os discípulos do sexto ano, exceto o tempo das aulas e estudos, estarão à disposição do secretário tesoureiro, para serem seus escreventes e aprenderem a contabilidade.

Os do sexto ano estarão da mesma forma à disposição do administrador geral, que os empregará na direção dos diferentes serviços de cultura ou culturas em ponto grande que se tiverem adotado no estabelecimento, e lhes ensinará

CAPÍTULO 17

metodicamente a arte de governar a escravatura, a qual, fora desta circunstância, estará o menos possível em contato com os alunos. A respeito da disciplina dos escravos, nos remetemos ao que sobre este assunto já se disse com extensão no capítulo respectivo.

O exame final será feito com toda a solenidade, e os alunos aprovados, na ocasião de receberem seu diploma, serão festejados pelo conselho de administração, sendo o dia feriado para todo o estabelecimento.

Fica bem entendido que o governo fornecerá o armamento, cuja conservação será confiada aos dois oficiais instrutores, conforme a natureza das armas.

Semelhante educação, que combina os trabalhos práticos com os estudos teóricos, dotará sem dúvida o Brasil de cidadãos igualmente bem-dispostos ao físico e ao moral, aptos não só para dirigirem com perfeição qualquer estabelecimento de agricultura, mas também de ocuparem com honra e sabedoria qualquer cargo eletivo de um Estado constitucional, assim como de servirem na guarda nacional com o garbo e destreza que a parte militar de sua educação terá neles infundido desde sua meninice, podendo-se afiançar que o resto da população ganharia muito com as luzes e princípios que nela divulgariam, de forma que um tal esta-

MANUAL DO AGRICULTOR BRASILEIRO

belecimento, organizado e freqüentado convenientemente, bastaria *de per se* para mudar a face da indústria agricultural no Brasil.

Observações sobre o estabelecimento
considerado como fazenda-modelo.

À proporção que o plano da educação dos alunos se tem desenvolvido, a idéia fundamental da organização da fazenda-modelo se desenrolou, sem que houvesse precisão de formais palavras. Todos os ramos pertencentes à agricultura são ali postos em prática, cada um debaixo da direção dos professores e operários os mais hábeis, havendo a simultânea cooperação de todas as ciências, artes e profissões que os podem coadjuvar e adiantar.

Para completar o serviço que a nação deverá tirar da fazenda-modelo, haverá uma publicação mensal ou semestral, redigida pelos lentes de ambas as classes, que dará à luz todos os resultados, experiências, progressos, descobertas, e mais detalhes relativos ao estabelecimento considerado debaixo dos dois fins a que fora instituído.

Haverá estrebaria de propagação e melhoramento da

Capítulo 17

raça cavalar, e esta prática se estenderá a todas as raças dos animais domésticos.

As férias breves são úteis em toda parte para descanso dos mestres e discípulos, mas demasiadamente prolongadas elas atrasam nimiamente a educação. As Câmaras decidirão, na sua sabedoria, o que julgarem mais profícuo ao bem do estabelecimento.

Capítulo último

Considerações gerais sobre
a vida do agricultor brasileiro.

A agricultura é sem dúvida a ocupação a mais útil, a mais nobre, e a mais chegada à natureza, de quantas o estado de civilização tem proporcionado aos homens. Ao mesmo tempo que, como já o dissemos, o indivíduo do entendimento o mais limitado acha nela emprego e meios de sustentar a vida e a de sua família, esta benfazeja ciência oferece entretenimento às mais conspícuas faculdades da inteligência a mais sublime. O chefe de qualquer estabelecimento agricultural em ponto grande, que preenche convenientemente as suas inumeráveis obrigações, está habilitado para servir os cargos mais importantes da República. Esta verdade, que muitos exemplos históricos e outros domésticos e recentes comprovam, fica ainda mais evidente quando se trata de um agricultor obrigado a governar es-

Capítulo último

cravos. Ele torna-se de fato legislador e magistrado, ou, para melhor dizer, soberano absoluto, e esta circunstância deve se considerar antes como desgraça do que como casualidade favorável. Nos países aonde não existem servos, acham-se por diminuto salário agentes e jornaleiros ativos, os quais, não faltando uma vigilância regular, desempenham com destreza e rapidez os trabalhos da cultura, havendo toda a facilidade em despedir os malcomportados, e cambiá-los por outros, de forma que os donos das heranças e prédios rústicos, se os não arrendarem, podem os explotar pessoalmente, desfrutando juntamente as delícias de uma vida elegante e cômoda no seio de uma população de costumes puros e patriarcais. Cá as oportunidades de arrendar frutuosamente são poucas, e quase sempre trazem consigo a decadência da escravatura, fundo quase único de riqueza rural entre nós. Também a inocência de costumes e boa moral não existem entre negros que, se antes da catástrofe que os traz ao Brasil por escravos não fossem já corruptos, acumulariam sobre si, no lance atroz da vinda, todos os flagelos e vícios que infeccionam o corpo e a alma. Cá, finalmente, os fazendeiros não podem, sem risco de perderem sua riqueza, entregarem-se à vida descansada dos cavaleiros de província; sem o olho do dono tudo definha, tudo cai em desleixo e desordem. Porém, neste mundo, não há mal sem compensação. A atividade e exercício do domínio absoluto que a vida do agricultor requer entre nós corrobora a energia do espírito e do coração, exalta o sentimento interior da dignidade pessoal e independência do caráter. O costume do mando é já uma disposição para não se sujeitar a ser mandado, de forma que Rousseau e outros publicistas avançaram que não era possível estabelecer verdadeiras democracias sem escravos. Na guerra da independência da América do Norte observou-se que as províncias aonde haviam escravos foram as mais ardentes na sustentação dos seus direitos, e se fosse preciso um exemplo mais próximo acharíamo-lo, notando a facilidade com que o sistema constitucional se firmou no Brasil, quando em Portugal é bem evidente a dificuldade que encontra para profundar as raízes na massa da população.

Prescindindo disto não devemos lamentar a condição dos nossos agricultores, por serem obrigados a lidarem com escravatura, mas convidá-los a que se penetrem bem das particularidades e exigências de sua posição. O seu primeiro dever é de se inteirar das relações que devem existir entre sua família e seus escravos. Uma lei fixa e razoável, só pelo chefe dada, e cuja execução seja a cada instante por ele ins-

CAPÍTULO ÚLTIMO

pecionada, deve presidir a todos os movimentos e serviços da sua casa. Nunca permita que o capricho e versatilidade de mulheres, meninos ou feitores infrinjam a sua constituição, cujo sagrado nome usurpamos, não sem tenção, porque uma fazenda grande é um pequeno reino. A respeito dos detalhes desta constituição ou código de regulamentos, não podemos senão nos referir aos capítulos aonde tratamos com a maior candura e seriedade, e bastante minuciosidade, a questão da escravidão e do sistema a seguir com os escravos: bem entendido que cada dono pode e deve alterar e coordenar as regras gerais conforme as peculiaridades de sua posição.

Outro ponto, sobre o qual não podemos nimiamente instar, é a necessidade de adotar como base de conduta o princípio de tirar, quanto for possível, do próprio terreno, tudo aquilo que ele está apto a produzir para o sustento, fartura e até ornamento. Salvo em certas fábricas da beiramar, cuja particular qualidade e limitada extensão obrigam a ocupá-lo todo com a cultura de um só gênero de exportação, e que antes merecem o nome de oficinas industriais do que de estabelecimentos rurais, cuidamos que o interesse bem entendido dos donos os deve obrigar a tratar primeiro que tudo da existência e comodidade da família e es-

303

cravatura. Este princípio tem feito a riqueza e prosperidade dos norte-americanos em um clima muito menos favorecido, e menos pronto a retribuir com inaudita usura os menores benefícios nele empregados. O senso comum nos convence que o mantimento e outros quesitos da vida serão distribuídos com mão parca (mormente nos anos de carestia dos gêneros de primeira necessidade, e má colheita ou depreciação no mercado dos gêneros de venda), quando comprados, do que quando colhidos do chão. Portanto, a consultar os ditames do interesse, nosso sistema deveria ainda ser posto em prática, porque estamos prontos a apostar que com a quarta ou terça parte da fábrica, v. g., trinta escravos sobre cem, aplicada a manter a casa, ela havia de ser suprida com mais abundância, salubridade e variedade, do que com a metade do produto total do estabelecimento, se toda a fábrica trabalhasse só em produzir os gêneros para tráfico. Portanto, sem metermos na conta a diferença na mortandade a prol do nosso regime, por ser este mais são e abundante, no primeiro caso o produto do trabalho de setenta escravos ficaria líquido, quando no segundo restaria unicamente o de cinqüenta.

A educação dos filhos é outro ponto essencial, do qual a honra e felicidade do agricultor dependem nimiamente para que o omitamos. Qualquer senhor de engenho ou de fazenda jamais deve permitir que os filhos se criem entre escravos e tenham com eles privança. Se não tem meios para pagar um instrutor em casa ou para mandá-los educar em colégios, neste caso conserve os meninos debaixo dos seus olhos, enquanto as filhas não deixam as vistas da mãe. Assim eles crescerão em inocência e experiência paterna, sem participarem dos vícios dos escravos, e quando já forem de idade mais avançada aprenderão pelo exemplo a tratar a escravatura sem inumanidade nem fraqueza. Eles não considerarão os negros como meros instrumentos dos seus caprichos e paixões, nem como sócios adequados para sua familiaridade, sim como vassalos que, em troca de uma existência segura e sofrível, lhes devem uma sujeição completa e um trabalho diário, regular e sério, que se não pode obter sem rigorosa disciplina, regra intransgressível e castigo certo, havendo falta ou desobediência. Aliás repetimos novamente uma observação que já apontamos, e vem a ser que a lei, que nos primeiros anos exigirá bastantes exemplos, se for mantida com tenacidade inflexível, pouco a pouco se tornará em costume e custará ser infringida, sendo os antigos escravos os primeiros a ter mão na sua execução, e a adestrar e vigiar os novatos. A este ponto já o dono terá pouco que fazer para conservar a ordem do seu estabeleci-mento, e desfrutará então a recompensa dos seus desvelos e constância. Então, sentado no solar da sua casa, qual um desses reis pastores da história sagrada, ele, ao anoitecer de qualquer dos dias encantadores que um clima propício pro-digaliza ao Brasil, olha o bom arranjo e abundância que o cercam, os celeiros e despensas recheadas, as searas risonhas, os rebanhos numerosos e nítidos, a família bem morigera-da e feliz, os escravos fartos, sem cuidado da seguinte ma-nhã, para o qual um senhor benfazejo providencia. Esta contemplação o enche de doce satisfação, de inocente or-gulho; ele se regozija no foro de sua consciência, e, na exal-tação de sua alma, levanta para o céu os olhos umedecidos pelo júbilo e gratidão.

FIM

NOTAS DO ORGANIZADOR

INTRODUÇÃO (pp. 7-26)

[1] Este trabalho é parte de um projeto mais amplo que tem apoio da FAPESP, e contou com a ajuda de Ana Paula Marquese, Heloísa, Dirceu (*in memoriam*), Antônio Bivar, Eduardo Bonzatto, João Paulo Pimenta, Andréa Slemian, Fábio Joly, Marquilandes Borges, Paulo Garcez Marins, Antonio Penalves Rocha e de meus familiares do Rio de Janeiro. Cabe um agradecimento especial a Paulo Takeo Sano, por seu inestimável auxílio no trabalho de atualização da nomenclatura científica do *Manual do agricultor brasileiro.*

[2] As informações biográficas a respeito de Carlos Augusto Taunay e sua família foram obtidas em uma carta do visconde de Taunay — sobrinho de Carlos Augusto — para

Inocêncio Góes, datada de 5 de maio de 1893 (Arquivo do Instituto Histórico e Geográfico Brasileiro, coleção Araújo Góes, lata 556, pasta 45), e no estudo de Affonso de E.-Taunay, *A Missão Artística de 1816*. Rio de Janeiro, MEC, 1956.

[3] "Carta do major Carlos Augusto Taunay sobre o *Manual do agricultor brasileiro*, 6 de março de 1831". Arquivo do Instituto Histórico e Geográfico Brasileiro, coleção Araújo Góes, lata 555, pasta 100.

[4] Cf. *O Beija Flor. Anais Brasileiros de Ciência, Política, Literatura*, n.º 5 (maio de 1830), n.º 6 (junho de 1830), n.º 7 (julho de 1830). Rio de Janeiro, Tipografia de Gueffier.

[5] Sobre a Sociedade Auxiliadora da Indústria Nacional e suas publicações, ver José Murilo de Carvalho, *A construção da ordem. A elite política imperial*. Rio de Janeiro, Campus, 1980; Edgard Carone, *O centro industrial do Rio de Janeiro e sua importante participação na economia nacional* (*1827-1977*). Rio de Janeiro, CIRJ/Cátedra, 1978; José Luiz Werneck da Silva, "Isto é o que me parece. A Sociedade Auxiliadora da Indústria Nacional (1827-1904) na formação social brasileira. A conjuntura de 1871 até 1877", dissertação de mestrado. Niterói, UFF-ICHL, 1979, 2 vols.

[6] Cf. Keith Tribe, *Land, labour and economic discourse*. Londres, Routledge & Kegan Paul, 1978, e André Bourde,

NOTAS DO ORGANIZADOR

Agronomie et agronomes en France au XVIIIe siècle. Paris, SEVPEN, 1967, 3 vols.

[7] Desses manuais, os mais significativos são: Samuel Martin, *An essay on plantership*. Antigua, 1765; Jean Samuel Guisan, *Traité sur les terres noyées de la Guyane*. Caiena, 1788; Poyen Sainte-Marie, *De l'exploitation des sucreries*. Pointe-a-Pitre (Guadalupe), 1792; M. de Laborie, *The coffee planter of Saint-Domingo*. Londres, 1798; dr. Collins, *Practical rules for the management and medical treatment of negro slaves in the sugar colonies*. Londres, 1803; Thomas Roughley, *The Jamaica planter's guide*. Londres, 1823.

[8] Cf. Rafael de Bivar Marquese, *Administração & escravidão. Idéias sobre a gestão da agricultura escravista brasileira*. São Paulo, Hucitec/FAPESP, 1999, pp.103-31, 189-203.

[9] Cf. Larry E. Tise, *Proslavery. A history of the defense of slavery in America, 1701-1840*. Athens, The University of Georgia Press, 1987.

[10] A expressão é de Luiz Felipe de Alencastro. Ver, desse autor, o artigo "La traite négrière et l'unité nationale brésilienne", *Revue Française d'Histoire d'Outre-Mer*, LXVI (1979), n°s 244-45, pp. 395-419, e o livro mais recente, *O trato dos viventes. Formação do Brasil no Atlântico Sul — Séculos XVI e XVII*. São Paulo, Companhia das Letras, 2000.

[11] Cf. João José Reis, *Rebelião escrava no Brasil. A história do levante dos malês — 1835*. São Paulo, Brasiliense, 1986, e Flávio dos Santos Gomes, *Histórias de quilombolas. Mocambos e comunidades de senzalas no Rio de Janeiro — Século XIX*. Rio de Janeiro, Arquivo Nacional, 1995, pp. 179-321.

[12] Cf. Ilmar Rohloff de Mattos, *O tempo saquarema. A formação do Estado imperial*. São Paulo, Hucitec, 1987, pp. 111-26. Ver também Maria Odila da Silva Dias, "Ideologia liberal e construção do Estado do Brasil", *Anais do Museu Paulista*, XXX, 1980-81, pp. 211-25, e José Murilo de Carvalho, *Teatro de sombras: A política imperial*. Rio de Janeiro, Vértice/Iuperj, 1988.

[13] Sobre a sensibilidade pré-romântica, ver Antonio Candido, *Formação da literatura brasileira. Momentos decisivos*, 8ª ed. Belo Horizonte/Rio de Janeiro, Itatiaia, 1997, 2 vols., vol. 1, pp. 260-66. Sobre as concepções da Ilustração luso-brasileira, ver J. H. Galloway, "Agricultural reform and the Enlightenment in late colonial Brazil", *Agricultural History*, 53 (4), outubro de 1979, pp. 763-79.

[14] Cf. Antonello Gerbi, *O Novo Mundo. História de uma polêmica — 1750-1900*. Trad. Bernardo Joffily. São Paulo, Companhia das Letras, 1996.

[15] Cf. "Carta do visconde de Taunay ao sr. Inocêncio

Góes sobre o major Carlos Augusto Taunay, sua vida e obras, 9 de maio de 1893", Arquivo do Instituto Histórico e Geográfico Brasileiro, coleção Araújo Góes, lata 556, pasta 45, e Affonso d'E.-Taunay, *História do café no Brasil.* Rio de Janeiro, Departamento Nacional do Café, 1939-45, 15 vols., vol. 4, t. II, p. 283.

[16] Ludwig Riedel (1790-1861) veio ao Brasil, em 1822, para participar da Expedição Langsdorff (1825-29). Na década de 1830, estabeleceu-se definitivamente no Rio de Janeiro, tornando-se na década seguinte diretor da Seção de Botânica, Agricultura e Ofícios do Museu Nacional, diretor do Passeio Público e administrador dos jardins da Casa Imperial.

MANUAL DO AGRICULTOR BRASILEIRO

Introdução (pp. 33-40)

[1] Nessa passagem, Taunay faz alusão às circunstâncias da abdicação de d. Pedro I, isto é, à firme oposição dos mineiros ao imperador, e à fria recepção que recebeu na província de Minas Gerais em sua viagem no início de 1831.

Capítulo 1 (pp. 41-9)

[1] Catão, o Velho (234-149 a. C.), político, orador e agrônomo romano. A passagem citada por Taunay, do *De re rustica*, de Catão, é I, 3.

Capítulo 2 (pp. 50-8)

[1] Taunay se refere ao decreto de 4 de fevereiro de 1794 da Convenção Nacional da França, que aboliu a escravidão negra em todas as possessões francesas no ultramar. A tentativa de Napoleão de reimplantar a escravidão em Saint Domingue, entre 1802 e 1803, radicalizou a revolução iniciada pelos escravos dessa colônia em 1791, levando à proclamação de Independência do Haiti em 1804.

Capítulo 3 (pp. 59-82)

[1] O alqueire como unidade de medida de capacidade para secos, no Rio de Janeiro das décadas de 1820 e 1830, equivalia a treze litros. Como um litro de farinha de mandioca tem o peso de um quilo, o *quantum* de farinha prescrito por Taunay para ser dado diariamente a cada escravo seria de 325 gramas. Uma onça equivalia a 28 gramas. Ver,

NOTAS DO ORGANIZADOR

sobre pesos e medidas na década de 1820 no Rio de Janeiro, Friedrich von Weech, *A agricultura e o comércio do Brasil no sistema colonial* (1828). Trad. Débora Bendocchi Alves. São Paulo, Martins Fontes, 1992, p. 58.

[2] Entre paredes.

[3] Nessa passagem, Taunay refere-se à servidão dos camponeses da Europa Oriental. *Knout* era a denominação do açoite na Rússia imperial; os boiardos faziam parte da aristocracia rural russa; o título de hospodar era dado aos príncipes da Europa centro-oriental, vassalos do sultão de Constantinopla.

[4] Na América portuguesa e no Império do Brasil, denominava-se crioulo o escravo negro nascido em território americano.

[5] Isto é, na Costa d'África, litoral africano.

[6] Literalmente, "o filho segue o ventre".

Capítulo 5 (pp. 91-104)

[1] Um palmo = 22 centímetros.

[2] Uma braça = 2,2 metros.

[3] Palácio de São Cristóvão, na Quinta da Boa Vista, Rio de Janeiro.

MANUAL DO AGRICULTOR BRASILEIRO

[4] Abade Rozier, agrônomo francês, autor do *Cours complet d'agriculture, ou Dictionnaire universel d'agriculture*. Paris, 1781-1800, 12 vols.

Capítulo 6 (pp. 105-17)

[1] Atual Iêmen.

[2] Em 1808, tropas portuguesas, comandadas do Rio de Janeiro, então sede do Império português, invadiram e conquistaram a colônia francesa de Caiena, atual Guiana Francesa. A ocupação portuguesa de Caiena durou até 1817.

[3] Charles Derosne (1780-1846), químico farmacêutico francês, proprietário da fábrica de implementos açucareiros Derosne & Cail.

[4] Pão, aqui, refere-se às fôrmas empregadas para purgar o açúcar, com capacidade variável de 35 a cinqüenta quilos.

[5] Guillaume-Thomas François Raynal (1713-96), filósofo francês, autor da *Histoire philosophique et politique des établissements et du commerce des européens dans les deux Indes*.

[6] Trata-se do *Ensaio sobre o fabrico do assucar*, de Miguel Calmon du Pin e Almeida (1794-1865), futuro marquês de Abrantes, publicado na Bahia em 1834. Quando da publicação do *Manual* de Taunay, Miguel Calmon era minis-

314

Notas do organizador

tro e secretário de Estado dos Negócios da Fazenda do Império do Brasil.

Capítulo 7 (pp. 118-30)

[1] No islamismo, chefe religioso.

[2] Atual Jacarta, Indonésia. No século XVII, colônia da Companhia das Índias Orientais holandesa.

[3] Atual Suriname.

[4] Atualmente, Parque Nacional da Floresta da Tijuca.

[5] Isto é, acima da Serra do Mar, no vale do rio Paraíba do Sul.

[6] Solo morto.

[7] Trata-se do plantio em curva de nível.

Capítulo 8 (pp. 131-41)

[1] Nesta passagem, é possível notar que Carlos Augusto Taunay desconhecia o descaroçador de algodão inventado pelo norte-americano Eli Whitney em 1793, que possibilitou enorme aumento da produtividade do trabalho escravo.

315

Capítulo 9 (pp. 142-7)

[1] Francis Drake (1546-96), pirata e conquistador; Jean Nicot (1530-1600), de cujo nome deriva o substantivo *nicotina*, foi o responsável pela difusão do tabaco na Corte francesa da regente Catarina de Médicis.

Capítulo 10 (pp. 148-68)

[1] *Manihot esculenta.*

[2] *Manihot dulcis.*

[3] *Mucuna urens.*

[4] *Citrullus vulgaris.*

[5] *Lagenaria vulgaris.*

[6] *Cucumis melo,* var. *conomon.*

[7] *Ipomoea batatas.*

[8] *Colocasia antiquorum,* da família das aráceas.

[9] Incluída atualmente na família das marantáceas.

[10] Pirata, explorador e cortesão inglês (1554-1618).

[11] Trata-se da colônia de Nova Friburgo, no Rio de Janeiro.

[12] *Lycopersicum esculentum.*

[13] *Cajanus indicus.*

Notas do organizador

[14] Amendoim.

[15] *Xanthosoma violaceum*, da família das aráceas.

[16] *Portulaca halimoides*.

Capítulo 11 (pp. 169-213)

[1] Incluída atualmente na família das teáceas.

[2] Fazenda Imperial de Santa Cruz, a oeste da cidade do Rio de Janeiro, pertencente aos jesuítas até a expulsão da Companhia de Jesus do Império português em 1759. Jardim Botânico da cidade do Rio de Janeiro.

[3] Na classificação atual, família das esterculiáceas.

[4] Cacau-do-mato.

[5] *Vanilla fragrans*.

[6] "Arbustos com flor de baunilha e fruto branco que escurece."

[7] Do espanhol *cimarrón, cimarrona*, que designa o animal fugitivo que se torna bravio, o escravo fugitivo (no Brasil, *quilombola*) ou, por extensão, a planta silvestre que é variedade de uma espécie cultivada.

[8] *Dactylopius coccus*.

[9] *Nopalia coccinellifera*.

[10] *Opuntia vulgaris*.

Manual do agricultor brasileiro

[11] *Cinnamomum zeylanicum.*

[12] As ilhas Molucas pertencem ao território da atual Indonésia; "Ceylon" ou "Ceylan": o Ceilão, atual Sri Lanka; Cochim é atualmente uma cidade da Índia.

[13] Atual Maurício, no oceano Índico.

[14] *Cinnamomum camphora.*

[15] *Syzygium aromaticum.*

[16] Atual território da Indonésia.

[17] *Myristica fragrans.*

[18] Ver nota 4, capítulo 5.

[19] Atualmente incluída na família das moráceas, da ordem Urticales.

[20] Atualmente, praça da República, na cidade do Rio de Janeiro.

[21] Do grego *ámpelos*, "vide". Atualmente, a videira é incluída na família das vitáceas.

[22] Até 1827, o Uruguai, então denominado pelo governo do Rio de Janeiro como Província Cisplatina, pertenceu ao Império do Brasil. Em 1828, um acordo de paz firmado entre Argentina e Brasil encerrou a Guerra da Cisplatina, iniciada em 1825, reconhecendo o novo Estado soberano da República Oriental do Uruguai.

[23] Isto é, dos Açores.

Notas do organizador

[24] Atualmente, incluído na família das canabidáceas.

[25] Na classificação atual, família das lináceas.

[26] Taunay pode estar se referindo a dois conflitos militares: a Guerra da Cisplatina (1825-27) ou a Revolução Farroupilha (1835-45).

[27] Estramônio, figueira-brava.

[28] Cicuta-da-europa.

[29] Bardana; seu nome científico atual é *Arctium lappa*.

[30] Barbasco.

[31] Tanchagem.

[32] Língua-de-vaca.

[33] Abrolho.

[34] Carrapicho.

[35] Cardo-santo.

[36] *Echinochloa polystachya* (*Kunth*).

[37] Trata-se do capim-de-angola.

[38] *Paspalum platycaule* (*Kunth*).

[39] *Aristida pallens*.

Capítulo 12 (pp. 214-31)

[1] Pomona: deusa dos pomares; Vertumno: deus de origem etrusca, protetor da vegetação.

[2] Atualmente, família das liliáceas.

[3] As alcachofas ou alcachofras são hoje incluídas na família das compostas.

[4] Província do Rio de Janeiro.

[5] *Nasturtium officinale.*

[6] *Petroselinum sativum.*

[7] *Anthriscus cerefolium.*

[8] Atualmente, família das compostas.

[9] Brássica.

[10] *Pimpinella anisum*, família das apiáceas.

[11] Rio Parnaíba.

[12] *Lycopersicum esculentum.*

[13] *Solanum melongena.*

[14] A Corte portuguesa chegou ao Rio de Janeiro em 1808. A condessa de Roquefeuille fazia parte da colônia de franceses proprietários de cafezais no maciço da Tijuca, no Rio de Janeiro.

[15] *Vicia faba.*

[16] *Lens esculenta.*

[17] *Allium fistulosum.*

[18] Atualmente incluída na família das quenopodiáceas.

[19] *Pastinaca sativa.*

[20] *Scorzonera hispanica.*

NOTAS DO ORGANIZADOR

²¹ Topinambo, atualmente classificado na família das compostas.

Capítulo 15 (pp. 259-65)

¹ Taunay refere-se ao bloqueio naval efetuado no curso da Guerra da Cisplatina (1825-27).

Capítulo 16 (pp. 266-81)

¹ Na verdade, a formiga-carregadeira (saúva) utiliza as folhas para nutrir um fungo que é base de sua alimentação. Ver, sobre a questão, Warren Dean, *A ferro e fogo. A história e a devastação da Mata Atlântica brasileira,* trad. Cid Knipel Moreira. São Paulo, Companhia das Letras, 1996, pp. 124-27.

² Décio, imperador romano (249-51 d. C.), célebre pelas perseguições que promoveu contra os cristãos; no sentido empregado por Taunay, a expressão *Décios* refere-se aos cristãos que aceitavam placidamente o sacrifício no Circo.

³ Auguste de Saint-Hilaire (1779-1853), naturalista francês que entre 1817 e 1822 fez diversas viagens de pesquisa pelo território brasileiro.

ESTA OBRA FOI COMPOSTA PELO ESTÚDIO O.L.M. EM AGARAMOND,
TEVE SEUS FILMES GERADOS NO BUREAU 34 E FOI IMPRESSA PELA
GEOGRÁFICA EM OFF-SET SOBRE PAPEL PÓLEN SOFT DA COMPANHIA
SUZANO PARA A EDITORA SCHWARCZ EM SETEMBRO DE 2001